循证矫正浙江探索

主　编　周敏华

副主编　徐新强　周根杨

ZHEJIANG UNIVERSITY PRESS
浙江大学出版社

《循证矫正浙江探索》编委会

主　编　周敏华

副主编　徐新强　周根杨

编　者　邵晓顺　孔　一　郭晶英　姜文水

　　　　徐海良　傅华军　徐　江　冯德艮

　　　　杜海波

序

进入 21 世纪以来，随着监狱体制改革的全面实施，我国监狱工作发展步伐明显加快，监狱职能不断纯化，监狱行刑工作取得新成效，安全管理与法制化水平得到全面提升。同时，社会对监狱工作的诉求，特别是有效降低重新犯罪率，提出了更高期待，监狱教育矫正科学化课题比任何时候都更为紧迫地摆在监狱工作者面前。

循证矫正，一言以蔽之，即基于事实和证据的矫正，亦可说是实证矫正，它起源于 20 世纪 70 年代西方的循证医学，继而推动了循证教育、循证管理等多领域的实证实践运动。20 世纪 90 年代的加拿大和美国等国，为解决重新犯罪率高居不下的状况，切实有效提高矫正效果，开始引入循证的理念和方法，由此形成了全新的循证矫正实践，通过将那些有确切证据支持、已经被实践证明有效的矫正项目施之于罪犯矫正，强调精准评估再犯风险与矫正需求并实施有效的项目干预，注重矫正资源的优化配置，追求矫正实践效益的最大化。循证矫正是现代科学精神在矫正实践领域的渗透，为罪犯改造工作带来了一场方法论的革命。

2012 年秋，司法部提出"循证矫正"理念，并举办了"循证矫正方法及实践与我国罪犯矫正工作研讨班"，张苏军副部长出席研讨班并作重要讲话，这预示着从西方国家舶来的循证矫正开始正式介入我国监狱工作的理念与实践领域。2013 年，司法部决定在全国 5 个省份 9 所监狱开展循证矫正试点工作，拉开了国内监狱循证矫正的研究与实践帷幕。浙江省十里丰监狱是浙江省唯一一所被司法部确定的全国循证矫正首批试点单位。三年来，在司法部预防犯罪研究所与省监狱管理局业务处室的有力指导下，十里丰监狱投入了巨大热情与精力，勇于探索，敢于实践，在循证矫正理论研究、循证矫正本土化融合、循证矫正机制运行等方面做了诸多积极而富有成效的工作，取得了令人欣慰的试点成果，不仅更高地擎起了"科学与实证"旗帜，而且为浙江乃至全国监狱的循证矫正之路进行了积极有效的探索。他们的努力与经验必将在我国循证矫正领域留下一笔可贵的财富。

监狱试点与专业院校紧密结合，双向互动与优势互补，是浙江监狱循证矫正实践探索的一条有益路径。浙江省十里丰监狱与浙江警官职业学院循证矫正研究中心建立了密切而又务实的项目协作机制，兼收并蓄，破难前行。《循证矫正浙江探索》既是十里丰监狱三年来的探索积累，同时也吸收了警院专家教授们的一些研究成果。本书共分五个章节。第一章介绍循证矫正的概况，并重点阐述循证矫正与传统改造手段的融合问题；第二章介绍循证矫正的运行机制与工作流程；第三章主要介绍风险评估与矫正需求的研究成果；第四章着重阐述认知行为、艺术歌曲干预项目设计与开展情况；第五章是案例介绍。全书观点鲜明、论证缜密，资料翔实、内容丰富，针对性强、实践特点突出。尤其是循证矫正如何与当前监狱的监管执法、教育管理、劳动改造手段相对接、相融合，如何在坚持、传承、发扬监狱传统教育改造工作的成功经验和宝贵成果的基础上，吸纳循证矫正的科学精髓与基本原则，推动监狱矫正效能向科学化方向演进方面，本书进行了有益探索与实践，提出了制度与路径上的具体设计，视野与角度比较宽广，并未囿于孤立化的循证圈内，这也秉承了浙江监狱一直以来的务实求是作风。

瑕瑜不掩，在循证矫正刚刚起步的试点阶段，既无经验可鉴亦无前例可套，一切都是在探索中前行，摸着石头过河。要从传统改造模式演进到以实验设计、工具测量、样本对照、数据分析等实证手段为主的循证矫正模式，是一项系统性、长期性的艰巨任务。矫正理念的转变、评估工具的研发、矫正项目的设计、有效证据库的建构等，都在研究与实验探索之中。既不能一蹴而就，更不能急功近利，需要长远规划、分步实施、循序渐进，路途还很长远。为此，《循证矫正浙江探索》只是我省在启行道路上捡寻到的"一块砖石"，在内容与论证上有许多方面还相对比较粗浅，不足之处在所难免，若有"引玉"之功，也足感欣慰。

2015 年 7 月在北京召开的全国监狱工作会议上提出，要进一步提升理念，把普遍教育与个别化教育结合起来，把传统教育管理手段和现代教育矫治技术结合起来，有针对性地做好分类教育、个别化矫治工作，促进教育管理科学化。循证矫正作为一种基于实证、效能、科学、理性的矫正方法，必将对我国监狱教育矫正工作带来新的变革并产生深远影响。真切期待十里丰监狱在循证矫正领域能进一步探索创新，勇于实践，砥砺前行，收获更多成果。

是为序。

蔡俊豪

2015 年 11 月

目　录

第一章　循证矫正概述

循证矫正是一种基于证据的矫正活动。自 2012 年引入我国矫正领域以来，已经引起了监狱、社区矫正机构和戒毒机构较为广泛的关注。循证矫正是西方 20 世纪 90 年代发展起来的一种循证实践活动，在欧美发达国家的矫正领域取得了巨大成效。这种矫正模式区别于我国传统的教育矫正模式，强调科学性，追求高效性，重视罪犯参与，要求遵循旨在提高矫正效果的一系列原则，将给我国的矫正理论研究和实务工作带来一场根本性的变革。

第一节　循证矫正及其发展状况

一、循证矫正含义

（一）循证矫正操作性定义

循证矫正（evidence-based correction，EBC），是"以证据为基础的矫正"，具体来说，循证矫正是指矫正工作者在矫正罪犯时，针对罪犯的具体问题，寻找并按照现有的最佳证据（方法、措施等），结合罪犯的特点和意愿来实施矫正活动的总称。

循证矫正的操作性定义是协同矫正者、矫正对象、矫正研究者和矫正管理者四方面的关系与力量，按照发现并描述矫正问题、检索并比对矫正证据、评价并选择最佳证据、商讨并确定最佳方案、协同并监控方案实施、总结并评估矫正实践等流程进行矫正活动过程。

（二）特点

循证矫正具有以下特点：

1. 遵循最佳证据

循证矫正模式要求矫正工作者根据最佳的研究证据来实施矫正。由于最佳证据是从同类问题的大量研究中挑选出来的，是与解决所需问题最为契合的研究证据,经过了全面的科学验证并且符合严格的科学规范。因此,遵循最佳证据的实践就比遵循个人经验的传统矫正模式,在正确性、有效性方面会大大提高。循证矫正将十分有利于提高矫正活动的实效性。

2.追求高效

循证矫正鼓励矫正工作者按照最有效的矫正方案来实施矫正,注重成本—效益分析和矫正资源的优化配置,有利于提高矫正工作效率,降低成本,节省资源,减少浪费,实现矫正资源的效益最大化。

3.强调与时俱进

循证矫正模式强调遵循现有的而不是以往的最佳证据来开展矫正实践,这意味着要随着时间的推移和新的研究证据的出现,及时寻找新的最佳证据并依此进行矫正工作,确保所依据的最佳证据在当前是最新、最有效的。

4.重视罪犯参与

在循证矫正模式下,罪犯作为矫正活动的一方积极参与矫正活动。循证矫正实践充分考虑到罪犯在文化水平、生活经历、性格偏好、风险需求等方面的特点,确保"对症下药"、"因材施教"。与此同时,在制定矫正方案等环节,罪犯被给予了表达意愿的机会,最后的方案要告知罪犯并得到他们的同意,从而有利于调动罪犯的改造积极性,发挥他们在矫正活动中的主观能动性。

5.融合矫正研究与矫正实践

在循证矫正模式下,矫正研究与矫正实践紧密相连,相互促进。矫正研究为循证矫正实践提供研究证据,有力推动了循证矫正实践的不断发展;循证矫正实践为转化、应用矫正研究成果提供舞台,有力推动了矫正研究的深入开展。

(三)原则

循证矫正工作需要遵循以下原则:

1.精准评估风险与需求原则

这是循证矫正的首要原则。可靠准确地评估罪犯是矫正他们的先决条件。为确保罪犯评估结果的可靠性和有效性,那些侧重于筛选和评估动态与静态的危险因素及犯因需求,并经类似人群验证的工具是首选。矫正工作人员在使用评估工具之前要经过正式培训。评估工具要有足够详细和准确的书面指导文本以保证准确应用。

除了使用评估工具对罪犯开展评估活动,还要通过与罪犯日常交往和观察来收集信息,这与评估工具收集信息同等重要。两种途径收集的资料应当进行相互印证并结合起来,共同对罪犯做出有效的、准确的评估。

2.强化内在改正动机原则

矫正工作人员应当以敏锐和建设性的沟通方式与罪犯开展人际交往,以强化罪犯改正的内在动机。行为的改正是一种发自内心的活动过程,为了促成持续的改正,就需要一定的内在动机。改正的动机是动态的,受到与矫正工作人员人际交往的强烈影响。这其中矫正工作人员的励志性访谈能够有效地促成和维持罪犯行为改正的动机。

3.目标干预原则

这一原则是循证矫正原则的核心。它包括风险原则、犯因性需求原则、对应性原则、干预度原则与处遇原则。风险原则认为,监狱矫正资源应当优先应用于那些具有较高再犯风险的罪犯。犯因性需求原则是指,矫正活动要解决罪犯的最重要的犯因性需求,即与犯罪行为有直接关系的动因,主要包括:犯罪人格,反社会的态度、价值观与信仰;自我控制力低;犯罪同伙;物质滥用;家庭破裂;受教育水平低;职业技能差等。对应性原则要求矫正工作人员在给犯罪人提供矫正服务时,要充分考虑其个体特征。罪犯的个体特征包括(但不限于)文化背景、性别、动机特征、发展阶段、学习方式、心理健康状态等,要根据个体特征来选择矫正服务措施。干预度原则是指,矫正机构提供的矫正服务要与罪犯的再犯风险相对应,较高风险的罪犯需要更多的社会帮扶和矫正服务。处遇原则要求把对罪犯的处遇,尤其是认知行为类的治疗,当作一个判决或刑罚执行过程中不可分割的一部分。

4.技能培训原则(运用认知行为疗法)

其目的是在矫正项目实施过程中,训练罪犯转变自己行为的技能。每一个矫正项目要设定具体的目标,训练的时间,并评估罪犯实践的效果如何。罪犯从实践中所学习到的技能,可以通过角色扮演与互换,相互评论、鼓励,行为模仿等方法,正面强化其产生的亲社会态度和行为。这其中运用认知行为疗法的项目被证明具有较高的矫正效应。

5.增加正面强化原则

在行为改变和新技能学习过程中,如果采用正面鼓励的方法而不是"棍棒"的方法,那么罪犯反应更好,并能够维持更长时间的学习行为。当罪犯收到的正面强化比率高于负面强化时,便能够较好地实现持续性的行为改变。

6.社区衔接支持原则

循证矫正的最终目的是降低重新犯罪率。而降低罪犯重新犯罪的重要措施是罪犯与社会关系的改善,逆转他们与社会对立的发展倾向,帮助他们与社会建立密切关系,帮助他们融入社会,从而控制重新犯罪。对罪犯实施监狱—社区一体化管理,使监狱与社区连接在一起,更重要的是在矫正方面的连接行为能够为罪犯顺利回归社会打下基础。

7.过程评估原则

要保证矫正服务措施有效,矫正机构就必须定期评估罪犯的认知变化、技能发展变化与重新犯罪风险。除此,对矫正工作人员的业务也应进行定期评估。

8.评估反馈原则

评估结果必须用于监控矫正进程和变化。给罪犯提供其进步情况的反馈,有助于他们建立责任心,强化其改正的动机,降低矫正处遇的资源浪费,并提高矫正的有效性。为了提高矫正效果而定期进行的业务监督和案例审查,可以使矫正工作人员通过运用循证原则,集中精力致力于减少重新犯罪的最终目标。

有专家认为,遵循了以上八个原则的罪犯干预措施和矫正项目,就属于循证矫正活动。[①]

(四)工作流程

循证矫正工作需要遵循一定的操作流程来展开。有研究者认为,循证矫正在实践中的基本过程可归纳为如下环节:确定矫正对象及其犯因性问题与矫正需求;检索矫正证据;评价证据,确定最佳证据;确定矫正方案并实施;矫正过程与矫正效果的评估;循证矫正的证据积累等六个环节。[②] 另有研究者认为,循证矫正架构下的矫正实践操作流程有六个模块,分别是:提出问题;检索证据;筛选证据;决策应用;效果评价;矫正总结。[③]

我们认为,循证矫正工作的具体操作流程包括六个步骤:(1)矫正对象的确定;(2)犯因性问题(矫正需求)的评估;(3)矫正证据的检索与筛选;(4)矫正方案设计;(5)矫正活动实施;(6)矫正效果评估。具体内容详见本书第二章第四节。

二、循证矫正在国外的发展状况[④]

20世纪中期,以英国、美国等国家为代表的西方国家受到新的犯罪形式不断出现和传统监禁、缓刑、假释等矫正手段对减少再犯无能为力的双重困扰,传统矫正模式的有效性备受质疑。而兴起于20世纪90年代的循证实践为传统矫正注入了新生力量。

(一)循证实践

循证实践(evidence-based practice,EBP),是指客观、均衡、负责地使用现

[①] 张苏军:《张苏军在循证矫正方法及实践与我国罪犯矫正研讨班上的讲话》,《犯罪与改造研究》2013年第1期。

[②] 夏苏平、狄小华著:《循证矫正中国化研究》,江苏人民出版社2013年版,第102—106页。

[③] 宋行、朱洪祥主编:《循证矫正理论与实践》,化学工业出版社2013年版,第21—23页。

[④] 本部分内容主要参考了王平、安文霞撰写的《西方国家循证矫正的历史发展及其启示》,《中国政法大学学报》2013年第3期。

有的研究成果和最有效的数据用以指导政策和实践，以此改善消费者的实践。循证实践最早来源于循证医学。循证医学主张"慎重、准确和明智地应用当前所能获得的最佳研究依据，结合临床医生的个人专业技能和多年临床经验，考虑患者的价值和愿望，将三者完美地结合，制订出治疗措施"。循证实践原本适用于卫生保健和社会科学领域，其通过实证研究方法，而非传闻轶事或单纯的专业经验，重点关注被证实有效的方法。循证医学的核心原理及循证实践的发展最终推动了全球范围内循证实践运动。有学者认为，循证实践无疑是 20 世纪 90 年代最成功的实践之一。还有学者将其称为实践领域内的一种全新的"范式"。

循证实践是一个庞大而又复杂的体系，宏观上包括主体与客观两个方面的要素。循证实践主体包括以下四类：研究者、实践者、实践对象及有关管理者。研究者主要负责对有关证据的研究。实践者主要针对消费者的具体问题，如价值观、文化或者偏好等，根据研究的证据进行具体的实践。实践对象即消费者的角色也极为重要，他们积极地参与实践过程，帮助实践者制订实践计划，并及时反馈实践结果。管理者则根据实践需要，协调上述三类主体之间的关系，在宏观上调控研究方向、实践行为、规范研究结果的出版与发表等。客观要素主要包括实践证据与实践过程。实践证据来源极为广泛，既可以是大样本、多中心、随机对照试验、多元分析获得的数据，也可以是个案研究得出的结论或者某个专家学者提出的意见或者个人经验。在循证实践中，采用证据遵循客观优先、主观为辅的原则，专家意见或者个体经验只有在高级别客观证据不存在的情况下才可使用。实践客观要素主要指实践过程的透明性。与传统实践模式的封闭性特征相比，循证实践要求决策过程是透明的，而且能够为其他实践者加以复制模仿，以确保实践的统一性。

循证实践目标与矫正目的不谋而合，并快速演变成一种新的矫正实践形式。循证矫正的出现并非偶然现象，它是传统矫正"内忧外患"的现实与自然科学精神向实践领域渗透相碰撞的结果。在西方发达国家，监狱人满为患已经成为一个不争的事实。截至 2011 年 1 月，全球在押人口达到 1000 万，按照全球药物政策委员会的说法，"人满为患是包括美国在内的世界各地监狱系统所面临的最大的问题"。2011 年 10 月，非营利性的国际刑法改革报告中声称，这一现状危及被监禁人的身体健康并阻碍监狱功能的正常发挥。即便是最好的监狱，其运行现状也令人担忧。在此背景下，世界各地的监狱开始通过严格的科学和数据方式对原有的矫正模式进行修正。这些"最佳实践"（best practices）以研究、循证管理和可衡量的成果为基础——尽管这种学术改革听起来不甚令人兴奋，但它们对改善和加强刑事司法系统至关重要。同时，传统矫正决策与矫正行为多建立在个体经验基础之上。这些矫正经验虽然有一定的正确性，但这样的经验缺乏创造性,在面对纷繁复杂的犯罪个体时,难以保证矫正的有效性。循证矫正一改传统"依据个体经验"进行矫正的习惯,根据实践已经证明的最佳证据确定矫正的决策与执行。这些与罪犯休戚相关的证据往往是基于对同类问题进行大量元分析(metal-analysis)的研究结果。循证矫正以严格的科学规范为指导,尽可能地挖掘犯罪人的个体需求,揭示出矫正问题的症结并对症下药。循证矫正降低了矫正管理者个体经验的地位,提高了矫正的准确性,促使矫正规范关注矫正事实,能在最大程度上实现矫正事实与规范的统一。

(二)循证矫正现状

加拿大刑事司法研究中心的创始人、新布伦瑞克省圣约翰大学心理学名誉教授保罗·詹德瑞认为,循证矫正的"最佳实践"源自加拿大,但在过去二十年间已遍布全美,且被主要矫正机构和政府组织采纳。

加拿大的循证矫正获得了立法的支持。例如,在加拿大一些司法区的循证矫正中,给罪犯提供矫正规划是由立法授权的,并明确写在矫正政策中。但循证矫正是一种实践形态,重视实践创新,这使得立法很难从法律层面对其进行规制。若立法细化法律规则,则有可能会限制循证矫正的发展,而若立法过于宽泛则可能起不到指导实践的作用。从域外各国的立法实践情况看,多数国家并没有统一的立法来规范循证矫正。以美国为例,基本上每一个州都有循证矫正,但在全美范围内还缺乏统一的关于循证矫正的立法。但美国几乎每一个州都有自己的关于循证矫正的工作手册。循证矫正不宜立法的原因不外乎以下两点:首先,循证矫正来源于实践,并发展于实践,实践的创新性特点使得立法很难预测其未来的发展情况,立法过细无疑会阻碍循证矫正的发展,有悖循证矫正的目的;其次,循证矫正虽然是20世纪发展起来的,但毕竟是一个全新的领域,很多矫正项目都处于未知的状态,发展不成熟是其不宜立法的另一个重要原因。从长远来看,随着循证矫正项目的发展,可以借鉴加拿大的立法模式,对可行且成熟的项目通过立法的方式确立下来,以更能有效地发挥其矫正作用,但立法不宜过细,以防阻碍循证矫正的实践发展。

在英国,循证矫正实践经历了一个漫长的发展过程,它是在反思缓刑、预防再犯低效的基础上逐渐发展起来的。英国虽然在1997年就有循证矫正的实践,但多数是作为个案使用的,并没有形成规模性的、体系性的研究与应用。1997年之后,循证矫正模式日益得到重视,与其他国家的循证矫正实践一样,英国循证矫正亦将"证据"作为矫正的核心,以证据为基础对犯罪人进行准确评估,以确定每一犯罪人的静态和动态风险因素的相关性。这些风险因素被研究者称为"犯因性需求",即与犯罪行为相关的因素。循证矫正在英国监狱中得到了较好的运用,如詹德瑞在接受《外交家》采访时甚至说,英国是最好的监狱循证矫正实践国家之一。

美国司法领域也接受了循证矫正这一范式。美国司法部矫正研究所（national institute of corrections，NIC）在全美对矫正机构提供培训和技术支持，且在 20 世纪 90 年代后期将其纳入"循证实践"范畴。如州法院的领导人员认为州量刑改革应主要关注两个目标：推动循证替代模式的发展、资金支持和适用，用以替代对适当犯罪人的监禁措施，并通过扩大循证实践、起作用的循证项目和犯罪人风险与需求评估工具以减少再犯。循证矫正研究结果与实践进一步推动了该矫正模式的发展。研究结果表明，针对中高度风险的犯罪人审慎适用的康复和治疗方案，循证矫正保守估计可降低 10%～20% 的再犯率。循证实践在美国全国范围内对各州矫正、缓刑和假释机构的运作模式产生了不同程度的变革。循证实践也越来越多地被纳入州司法教育和培训项目中。在美国，除大量的关于循证矫正的理论研究外，还有很多司法实践。如俄亥俄州以中途之家与社区为基础对服刑人员实施循证矫正，与传统社区矫正相比，其矫正策略与方法发生了很大的变化。循证矫正项目要求所有的实践项目必须使用评估工具测量风险水平，以决定案件计划策略和确定特殊的需要。所有的项目要求在个人需要的基础上发展成为特定的服务模式。高风险的罪犯应该接受更为集中的和特殊的服务，低风险的罪犯应该接受较少的服务。认知行为方式或者较小的认知项目技术应与其他矫正措施一起运用。项目评估应该每隔三年进行。项目应该有一个矫正评估量化表或者类似的工具，每三年进行一次以确保项目的保真度。

在澳大利亚，为确保对重返社会的犯罪人提供的服务和处遇尽可能取得最佳效果，司法实践将这些服务建立在过去已被证明有效的原则和方法的基础上，这就是循证矫正。澳大利亚循证矫正旨在寻求"能发挥作用"的原则和方法，并运用从系统研究和评估中所获得的知识。有人主张对"何者能发挥作用"出具更为具体的方法，他们承认在犯罪行为人行为的背后有一系列复杂独特的动机。这种具体的方法包括在特定地点、针对特定方案、对特定类型犯罪人有效地搜集相关证据，并评估该方案"对在何种情形下对谁起作用，以及如何起作用"。澳大利亚循证实践还确立了矫正系统范围内的认证程序。在认证程序下，矫正方案依照其对实际产生的效果进行分类，只有那些被证实有效的方案被认可并成为核心矫正课程。另外，相较于对循证矫正表现出较高热情的其他国家，澳大利亚的循证矫正实践表现出相对的理性。决策者和理论者普遍认为，循证政策和实践不应被过度解释为证据主导的政策和实践。孤立的研究结果并不足以用于解释结果，而且用证据难以完全阐释可检验的理论，也不能用证据替代政策——过度依赖评估结果会歪曲事实，即组织不可能有明确的目标。更务实地说，政府不可能奢望等到所有证据都收集齐全再制定政策，他们常常必须接受道德指引。

新西兰当代犯罪控制政策的基本前提是能帮助区分哪些群体和个人最有可能成为犯罪人和被害人。在整个 20 世纪 80 年代及其以后,新西兰刑事司法决策关注的焦点从解释和应对犯罪转向对犯罪行为和犯罪人的管理。随着这一转变产生了技术性、管理主义犯罪控制政策,这被犯罪学家称为"管理"刑事司法。以此为背景,新西兰刑事司法实践部门在英国及其他国家的循证矫正实践影响下,全面接受和实施循证矫正。在新西兰刑事司法领域内,所有意向声明、年度报告和高层详细说明策略等文件都表明新西兰业内人士均相信循证政策将对矫正发挥重要的作用。循证政策被新西兰实践者描述为"一种制定政策的技术方法,它能确保政府官员通过运用研究中得出的最佳证据制定明智的政策、方案和项目"。在他们看来,循证政策是一个技术过程。据此,决策者的意见和决定建立在有广泛来源的最佳证据的基础上;所有利益相关者在整个决策过程的最初阶段就参与进来。其中,包括来自专家的所有相关证据都对决策者具有重要的意义。在新西兰,对循证实践至关重要的证据类型一般包括运用科学方法对社会现实进行定量观察所产生的数据,如随机临床实验,元分析和系统、大规模的评论,以及(在较小的程度上)从业人员的知识和经验。

另外,在挪威、瑞典、丹麦等国家都出现了循证矫正实践模式,学者詹德瑞称其"一直有进步的政策",即指循证这一实践模式。作为对这一实践模式的补充,联合国自 1948 年世界人权宣言和 1955 年采纳囚犯处遇规则开始,制定相关标准。联合国毒品和犯罪问题办公室也帮助各国建立并进行以社区为基础的"恢复性司法"监狱系统的改革,且从 1999 年以来,联合国维和行动运用最佳实践模式对监狱系统提供支持。

三、循证矫正在我国的开展状况

根据作者所有的资料,试归纳的我国循证矫正开展情况如下:

循证矫正在 2012 年 4 月的全国监狱局长、监狱长培训班上正式被提出。自 2012 年 6 月开始,有关循证矫正的文章在《犯罪与改造研究》等杂志上陆续发表。同时,"循证矫正研究与实践"被确立为司法部 2012 年度部级重点课题,相应成立了"循证矫正研究与实践"科研项目领导小组与办公室。课题研究提出要把探索和引入循证矫正的理念与方法作为当前和今后一个时期教育改造工作创新的一项重要内容来抓,并通过项目实践,吸收借鉴国外循证矫正理论与实践的有益经验,探索在我国监狱、社区矫正和强制隔离戒毒工作中推行循证矫正的条件、路径,构建具有中国特色的循证矫正理论框架和操作体系,促进教育改造工作理论、方法创新,不断提高教育改造质量。按照这一目标设计,项目研究初步以 3 年为期,分三个阶段逐年推进。第一阶段是引入知识、培训骨干;第二阶段是指导试点,探索符合我国国情的循证矫正规范;第三阶段是力争形成初步规范并适当扩大试点,检验和调整规范并开展推广工作评估,做好循证矫正推广的准备工作。按照课题研究计划,2012 年 9 月,司法部预防犯罪研究所在江苏宜兴召开了"循证矫正方法及实践与我国罪犯矫正工作"研讨班,来自国内外的专家学者、实务工作者就循证矫正的概念、基本理论和实践问题进行了交流,对循证矫正在我国罪犯矫正工作中的应用进行了研讨,引入了知识,培训了骨干,是我国开展循证矫正实践探索的一次动员。会后,各地监狱、社区矫正系统结合本地情况开展了不同程度的循证矫正试点工作。

2013 年 1 月,全国司法厅(局)长会议明确要求探索开展循证矫正。2013 年 4 月,循证矫正工作被确立为"教育质量年"活动的一项内容。同月,"循证矫正研究与实践"科研项目领导小组第一次会议召开,明确在江苏、浙江、山东、四川、陕西、北京等省的 9 个监狱中开展循证矫正试点工作。根据会议资料,到 2013 年 4 月全国 32 个省份(含新疆生产建设兵团)中,已有半数省份的 80 所监狱采取不同的模式开展循证矫正试点,一些地方在社区矫正系统也开展了试点工作。[①] 试点中形成了不少研究成果,比如,江苏省监狱管理局组织专家编制了《罪犯风险性评估》《犯因性需求量表》和指导手册,新疆维吾尔自治区监狱局制订了《推行循证矫正模式方案》并形成了《典型案例汇编》,等等。

循证矫正各试点省份的监狱管理局、试点监狱高度重视,组织开展了各种形式的培训,普遍成立了试点工作的领导机构和具体实施机构,江苏、浙江、陕西三省以及燕城监狱与地方院校、科研院所合作成立专门的课题组进行项目攻关,陕西省监狱管理局还抽调专门人员组成实践指导组,指导试点单位工作。各试点单位研究制订了试点工作实施方案,江苏省监狱管理局还编制了《罪犯循证矫正指导手册(试行)》。

2013 年循证矫正取得以下成果:

一是"循证矫正研究与实践"科研项目由一般性的理论介绍进入到实务性研究阶段。从 2013 年 4 月份开始,课题项目组的研究工作,由对国外循证矫正基本知识的翻译、介绍转入操作性、指导性、应用性的研究。组织翻译了《弗吉尼亚联邦:社区矫正循证实践路线图》和《矫正领域的循证实践:加利福尼亚项目评估过程培训手册》,系统介绍了国外循证矫正实践、组织建设和协作组成的一体化模式,以及开展机构评估、制订综合性循证实践战略规划等。同时,收集整理了美国、英国、加拿大等国家危险性评估量表和矫正需求评估量表,为开发本土化

---

① 张苏军:《在循证矫正研究与实践科研项目领导小组第一次会议上的讲话》,《犯罪与改造研究》2013 年第 8 期。

循证矫正工具提供参考。课题组还组织开展了对试点省份和监狱的调研工作，详细了解试点单位开展循证矫正试点工作的情况、面临的问题，听取意见建议，形成专题调研报告。组织对台湾地区的循证矫正工作进行考察，了解台湾循证矫正和循证矫治工作的开展情况。

二是积极开展本土化循证矫正项目和工具的开发与试验工作。江苏省监狱管理局较早开始了这方面的探索，取得系列成果，比如，为修订《罪犯再犯风险评估量表》和《罪犯矫正需求分析量表》，在11个省份的监狱抽取9000余份样本进行测查。镇江监狱与科研院校合作开发了抢劫犯暴力倾向矫正项目，开发设计了愤怒控制等7个项目并进行试用，研究编制了矫正效果评估表。南京女子监狱完成心理矫治项目中的毒品滥用、终止贩毒、团体辅导等三个项目的研发工作。另外，部项目组专家和研究人员与山东省任城监狱一起共同开发暴力犯循证矫正项目。

三是循证矫正工作参与者的认识有了进一步的深化。试点监狱领导和干警普遍认识到循证理念和方法的科学价值，认为实施循证矫正是罪犯改造领域的一场开创性科学实践，有利于拓宽改造罪犯的途径，有效提高教育改造质量。项目组专家将他们的专业知识与技能运用到循证矫正实践的过程中，也提升了知识的运用价值，提高了对循证矫正工作的认识。

进入2014年，我国循证矫正工作取得进一步成果。各试点单位循证矫正成果得到进一步深化。比如，山东省任城监狱暴力犯循证矫正项目取得初步成效；浙江省十里丰监狱针对循证矫正试验对象，按照循证矫正的基本原则和方法，开展个案矫正实践，重点试验"认知行为矫正"、"书画器乐艺术矫正"两大方法；陕西省汉中监狱以"1+1"双策矫正工程为载体，以顽危犯个案管理为基础，对96名顽固犯、危险犯运用循证方法，实行危险等级评定和分类管理；司法部燕城监狱根据押犯情况，将暴力型伤害类罪犯和农民工物欲型罪犯纳入循证矫正实践的轨道，充分依托监狱原来开展的人生重塑规划活动实施矫正方案，探索教育改造财产型罪犯的新方法；四川省眉州监狱坚持对循证矫正对象开展每周一次的团体辅导活动，运用系统团体辅导技术矫治罪犯；等等。

从目前国内循证矫正所取得的成果看，如果以一个人的一生作比喻，那么我国的循证矫正工作还处于刚出生不久的阶段，即"婴儿期"。

有研究者分析了当前循证矫正工作存在的问题，主要有可供循证矫正借鉴的资源量不足、参与循证矫正的主体工作经验不多、接受循证矫正的对象积极性不高、建立循证矫正证据库的科学性不强。[①] 为此，要加强循证矫正基础知识、

---

① 夏苏平：《江苏省浦口监狱开展循证矫正的思路及对策》，《犯罪与改造研究》2013年第4期。

方法和框架的全面、系统的研究，为循证矫正的本土化提供有力的理论支持；要在普及知识、提高认识上下功夫，并充分利用项目试点的有利条件，在工作中培养一批循证矫正的业务骨干；要继续推进循证矫正项目与工具的开发与试验；着手进行循证矫正证据数据库的设计与建设；要制订罪犯参与循证矫正活动的相应激励机制，调动其参加循证矫正的积极性，发挥其在矫正活动中的主观能动性。

第二节　循证矫正与传统改造手段的融合

从西方国家舶来的循证矫正，如何在中国监狱落地生根，如何与监狱长期以来形成的监管、教育、劳动改造手段有机衔接，如何与监狱各个领域、各条业务线配套成熟的运行机制良性融合，是一个无法回避的问题。

循证矫正必须扎根和立足于当前的罪犯管理教育实践，因地制宜地接上"本土化"地气。脱离监狱监管教育改造的运作实践，不考虑解决具体实务施行问题，仅有理论设计或简单移植矫正项目，最终只能是空中楼阁式的"纸上谈兵"。从实务层面讲，任何循证矫正项目的实施，都需要解决"最终落脚"的问题。这好比我们在中式"四合院"里居住多年，现在要制作更换一套设计新颖的西式家具，就必须认真考虑与现居"四合院"的总体环境、房间布局、规格尺寸、生活形态的适宜性。否则，这套西式家居虽然在设计上新颖华丽，但与中式"四合院"不合体、不匹配，只能成为华而不实的摆设。

循证矫正不应该也不可能跳出监狱传统的监管改造、教育改造、劳动改造这三大手段的基本范畴，不可能突破《监狱法》，以及其他刚性的监狱法律规章制度。在此框架之内，循证矫正到底该做什么、能做什么、怎样去做？路径的选择其实并不复杂，循证矫正不是独辟蹊径，亦非另起炉灶，而是要在坚持、传承、发扬监狱传统管理教育改造工作的成功经验和宝贵成果的基础上，吸纳循证矫正的科学精髓与基本原则，推陈出新，创新发展。然而要在不突破监狱法律规章与基本模式的基础上，对循证矫正进行"本土化改良"，对当下的监管形态、资源配置、方法手段、警务运作等都需要进行适应性调整，需要把握好传承与创新、沿袭与改革、长期性与阶段性、可行性与现实性的关系，使循证矫正机制与传统改造手段有机衔接融合，进而助推监狱矫正效能向科学化方向演进。有学者指出："循证矫正模式是建立在原有的罪犯矫正模式的基础上，并不能与传统罪犯矫正模式彻底决裂，反过来，是对传统罪犯矫正模式的优秀特质的继承、发展和整合，把循证矫正的思维理念、实践规则、技术规范注入传统罪犯矫正模式，使之具有新的活力因子。"①

循证矫正本土化的命题，已经是当下监狱理论界与实务界的一致共识，国内的不少专家学者对循证矫正的"本土化"路径开展了富有成效的研究，提出了一些观点与想法，但多囿于宏观性、概念性或理念性的探讨，至于如何从微观层面、实务角度、具体操作上"落实破土"，目前业界尚无可鉴之论，还没有看到这方面的研究成果。本节就是要着力破解并试图构筑出循证矫正与监狱传统改造手段融合的实践路径，不仅是提出命题，而且更致力于解决问题。

"融合"并非是一方单维地融植于另一方的关系，而是一种双向互动的形态。循证矫正与监狱传统改造手段的融合，既强调循证矫正这一西方化的理念方法要进行"适应性修整"，以契合中国监狱的实践土壤和文化气候；另一方面，中国监狱也需要进行一些必要的主动性调整，衔接、适纳"循证矫正"这粒外来种子的落地生根。正基于这样的解读，因此在论述循证矫正与监狱传统改造手段融合问题上，更强调的是这种双向互动的融合形态。

一、循证矫正与监管改造的融合

监管改造是监狱最为基本的一项职能，主要任务是依法对罪犯实施监禁管束，有效开展狱政管理，保障刑罚正确执行。监管改造的基本载体是狱政管理，通过对罪犯实施监管警戒和各种行政管理，依法剥夺罪犯的自由，强制罪犯遵纪守法，确保安全监管与运行秩序。其改造功能主要体现在惩戒威慑、规范约束、养成教育、奖惩激励、服刑保障等诸多方面，是监狱惩罚与改造罪犯的基本内容，并为教育改造和劳动改造的顺利实施奠定基础。

循证矫正的实践展开，脱离不了我国监狱的刑罚制度体系与狱政管理框架。在监管改造领域内，循证矫正的本土化融合，至少有三个重要的衔接节点。

（一）循证矫正与分类分押

对罪犯实施分押分管是监狱管理的基本纲目。罪犯分押分管的科学化水平是衡量监狱工作水平乃至国家文明程度的重要标志之一。《监狱法》第 39 条规定："监狱对成年男犯、女犯和未成年犯实行分开关押和管理，对未成年犯和女犯的改造，应当照顾其生理、心理特点。监狱根据罪犯的犯罪类型、刑罚种类、刑期、改造表现等情况，对罪犯实行分别关押，采取不同方式管理。"这是我国监狱罪犯分押分管的法律依据。从实际情况看，罪犯的分类仍然还停留在以性别、年龄、刑种刑期为标准的初级层面上。20 世纪 90 年代初期，浙江省各监狱依照

---

① 连春亮：《论循证矫正的谱系循证》，《犯罪与改造研究》2013 年第 9 期。

"三分"要求,按照犯罪类型,曾对财产型、暴力型、性犯罪罪犯等进行过集中分押、分管与分级处遇,但未能长期坚持。目前,监狱内部的罪犯分押分管常态做法是对入监罪犯、出监罪犯、老病残犯进行集中管理,组建独立的功能性监区,其他罪犯则普遍处于混押状况。当前监狱的这种分押分管模式,还是一种比较粗放的划分,存在一定的局限性,需要构建更为科学、更加精细的罪犯分类机制。这主要有两个方向性路径,其一是以危险等级为坐标,对罪犯进行分类;其二是以再犯风险为坐标,对罪犯进行分类。

毋庸置疑,监狱的矫正重点要指向在囚高风险与再犯高风险两类罪犯,监狱的矫正资源亦应重点投向这两类罪犯,这也是循证矫正的目标对象。基于此,监狱需要对罪犯的分类分押模式进行相应调整,通过科学的风险评估,精确地检测筛查出在囚高风险、再犯高风险这两类罪犯。将在囚高风险、再犯高风险的罪犯分别投送到担负相应循证矫正任务的监区(分监区),开展和实施类别化、专门化的循证矫正。可以设置如图 1-1 所示的新型分类分押结构。

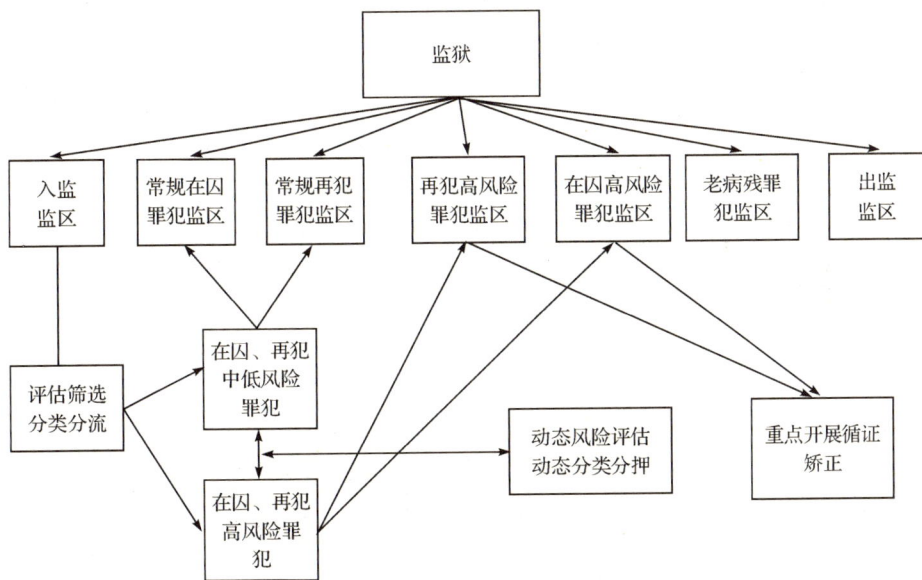

图 1-1　新型分类分押结构

(二)循证矫正与分级处遇

罪犯分级处遇(或累进处遇)制度是监狱依据罪犯的改造表现、服刑时间和剩余刑期的长短,综合考虑罪犯的犯罪性质、恶习程度及现实改造表现,将罪犯分为不同的级别,对罪犯按级别实行不同的处置和待遇的制度。罪犯分级处遇是现代监狱制度中应用最广泛、最重要的监狱制度之一,理论基础是行刑个别化理论,基本精神是使罪犯在自发、自强、自律的努力之中对前途充满希望,消除监禁生活的种种不良后果,进而实现训练犯人适应社会生活能力的目的。罪犯分级处遇的项目内容体现在狱政管理、教育、生活、劳动等各方面,目的在于体现区别对待的政策。

循证矫正的八个基本原则中,处遇原则与增加正面强化原则是其中的重要内容。循证矫正的实践及基本原则强调,对罪犯的处遇,尤其是认知行为类的治疗,应当作为刑罚执行过程中不可分割的一部分,实施积极的和有计划性的监督与个案管理方法,提供有针对性的和及时的治疗干预,并确保适量的干预度。在新技能学习和行为改变中,更宜采用正面鼓励方法,当正面强化比率高于负面强化时,便能更好地促进行为人实现持续性的行为改变。随着具有适当和渐进后果的明确规则(处遇规则)被连贯地执行,罪犯将会遵循回报最多和处罚最小的方向行事。[①]

循证矫正的处遇原则与增加正面强化原则,应当与监狱推行的罪犯分级处遇(或累进处遇)制度有机地衔接和融合。循证矫正干预项目设计与实施,需要充分考虑、有效运用并体现监狱的处遇政策和处遇内容。具体操作模板可参见表 1-1。

表 1-1　干预项目执行与处遇关系

项　　目	处遇应用、增加正面强化		
干预阶段	初期	中期	长期
干预项目执行成效与行为改善	按改善程度设置三个层阶目标	按改善程度设置三个层阶目标	按改善程度设置三个层阶目标
处遇响应	对应三个层阶目标设置兑现处遇项目	对应三个层阶目标设置兑现处遇项目	对应三个层阶目标设置兑现处遇项目

分级(累进)处遇要求在法律允许的限度内,在各级别罪犯之间拉开待遇档次,实行区别对待。由于各监狱具体情况不同,分级处遇的具体内容可能有异,但大致可划分为管束度处遇、生活类处遇、文娱类处遇、通联类处遇、劳动类处遇等范畴,处遇内容(项目)的选项可参照以下清单:

(1)胸前佩戴不同处遇等级的标牌,显示罪犯服刑的"处遇身份";

(2)警戒与管束程度;

(3)狱内的可活动空间;

(4)狱内生活消费的限额;

(5)通信的次数;

(6)亲情电话的次数;

---

① 郭健:《美国循证矫正的实践及基本原则》,《犯罪与改造研究》2012 年第 7 期。

(7)会见的次数；

(8)会见方式的选择，全封闭电话会见、半封闭对话会见、开放式交流会见；

(9)亲情会见机会，离监探亲的机会；

(10)参加文体活动的机会与条件；

(11)到图书阅览室借阅图书、杂志的数量及借阅图书、杂志的时间间隔；

(12)每月购买日用物品的范围与数额；

(13)劳动报酬的数量；

(14)申请伙房"小炒加餐"的机会；

(15)参加各种职业技能培训的机会；

(16)零花钱的数额；

(17)从事互监、教学、医务、维修、裁剪、统计、仓管等特殊岗位或技术岗位的劳动机会；

(18)接受思想教育的内容、方式和时间量；

(19)使用分监区电子阅览室(狱内教育改造专网)的机会与时间；

(20)增加错时休息的时间机会。

上述处遇情形，应当与罪犯配合执行或完成循证矫正项目的态度与成效尤其是认知行为改善情况紧密挂钩，结合罪犯的主观意愿，对处遇项目进行个性化、差异化的组合选择，制定科学的"处遇药方"，以增进罪犯的改变驱动力，强化正面激励牵引。处遇项目的设计与实施，应当坚持依法依规、因人制宜、合理适度、累进递增的原则，发挥处遇效果的最大价值。

(三)循证矫正与考核奖惩

罪犯考核奖惩制度是监狱管理尤其是监狱执法的核心内容，关乎罪犯切身利益，是罪犯最关注的焦点领域。罪犯考核是监狱在对罪犯实施惩罚改造过程中，根据一定的标准和程序，对罪犯一定时期内改造表现进行综合考察与评定，记分制是当前监狱普遍采取的考核形式。罪犯奖惩是监狱依据法律和监管改造法规的有关规定，在考核基础上对罪犯实施的奖励或惩罚，奖惩的类别主要有行政奖惩和刑事奖惩两大类型。罪犯考核结果是对罪犯实施奖惩的依据。对罪犯的考核奖惩必须遵照相关法律法规执行，严格依法办事，做到公开公平公正、客观准确、程序严密。

监狱的考核奖惩制度，既是一种强有力的监管手段，更是对罪犯最鲜明生动、最直接具体的教育活动。考核奖惩的教育导向价值在于促进罪犯正确认识服刑改造的目的意义，正确把握监管改造要求，树立正确的改造动机，认真履行改造义务，切实修正犯罪思想，自觉遵循行为规范、转变行为方式，增进罪犯自主改造的内驱力，激励罪犯改过自新。循证矫正作为改造罪犯的一种科学手段与方法,根本追求在于最有效地矫正罪犯的犯因性需求,最大限度地降低在囚、再犯风险。从这一角度出发,循证矫正机制与监狱对罪犯的考核奖惩机制两者之间存在目标上的一致性,两者不过是目标承载、手段路径不同而已。

从监狱管理与罪犯改造实践看,考核奖惩是牵引罪犯积极改造的最大的"驱动引擎"。罪犯循证矫正只有与罪犯考核奖惩互融互动、有机衔接,才能真正发挥出矫正效益,如果离开考核奖惩的手段支撑,那么循证矫正很可能会事倍功半甚至成为空中楼阁。

循证矫正与考核奖惩的衔接至少有以下几个方面值得认真把握。一是将罪犯循证矫正过程纳入罪犯考核管理的内容,以《浙江省罪犯考核奖惩办法(试行)》为参照,对罪犯自觉完成(配合)项目矫正任务、认知(态度)改善等情况,可以比照认罪服法、政治文化技术学习等相关条款,进行相应考核。二是罪犯自觉遵守《服刑人员行为规范》的现实表现,应当成为罪犯通过循证矫正、具有行为改善的一个重要检验参照。"认知—行为"矫正的成效落脚点在于"行为改善",而行为改善的基本检验参照在于罪犯自觉遵守监狱服刑人员行为规范。三是罪犯认知行为的改善应当认定为罪犯"积极改造"的一种具体表现,可以据此作为罪犯获得行政或刑事奖励的一项佐证。四是考核奖惩政策可以作为罪犯循证矫正目标引导、正面强化内在动机原则的项目设计,作为促进罪犯认知行为持续改善的驱动力。如图 1-2 所示。

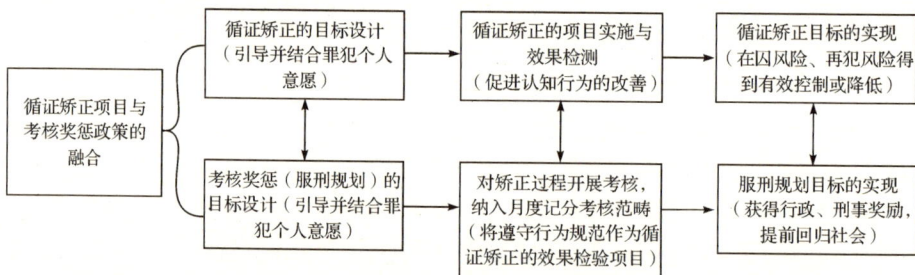

图 1-2　循证矫正项目与考核奖惩关系

二、循证矫正与教育改造的融合

教育改造是我国监狱改造罪犯的三大基本手段之一,在实现监狱根本任务中处于"关键"地位,具有传授、转化、塑造的功能,对罪犯的思想改造起主导性的作用。[①] 教育改造是中国特色社会主义监狱制度的主要特色和精髓所在,长期以来

---

① 　王明迪主编:《罪犯教育概论》,法律出版社 2001 年版,第 27 页。

在实践中积累完善的监狱教育改造工作体系、机制、原则、内容、方法,是监狱践行"改造人"宗旨的理性经验和价值凝结,是中国监狱的传统优势与重要法宝。

循证矫正作为西方监狱普遍施行的一种矫正模式(方法),其逻辑理性在于讲求矫正活动的实证性、效率性、科学性,关注矫正的证据支持、检测评估、对象意愿、项目选择、资源效率、过程控制等实证主义特质。

我国监狱的教育改造图式与循证矫正机制既存有巨大的共通性,又存在明显的差异性。从共性角度看,两者的价值追求与目标指向一致,都是将罪犯改造成为守法公民作为宗旨所系;两者的遵循原则与指导理念有诸多竞合,如都将以人为本、因人施教、循序渐进、注重实效等作为教育矫正的基本原则来把握;两者的方法主线基本类同,都围绕"转化(错误思想)或矫正(错误认知)—改变犯罪行为—降低再犯风险—守法公民"的逻辑范式来展开教育活动。从差异角度看,因根植于不同的文化土壤和传承,从而形成各自不同的罪犯矫正内涵特质,如两者的理念形态有异,中国传统教育改造活动更加依托于"经验主义",习惯"定性思维"与"主观推理",多采取"中医式的综合矫正"模式,而循证矫正依托于"实证主义",讲究"定量思维"与"证据推理",多采用实验印证检测有效的"西医式的项目矫正"模式。

推行循证矫正模式,离不开监狱长期形成的教育改造工作实践土壤,不仅要充分汲取传统教育改造的优质基因,更需要与监狱现行教育改造机制良性衔接、有机融合,才能走出一条真正符合中国监狱实践、具有强劲生命力的"循证矫正"之路。具体需要从以下几个方面做好衔接融合工作。

(一)循证矫正与思想教育

教育改造是我国监狱的内涵特质与传统优势,思想教育则是教育改造的核心内容与承载主体。《监狱法》第 62 条规定:"监狱应当对罪犯进行法制、道德、形势、政策、前途等内容的思想教育。"这是我国从基本法律的高度对罪犯思想教育做出的明确要求。罪犯思想教育根本指向是围绕罪犯的错误思想问题,消除其犯罪思想和不良的世界观、人生观、价值观,促进罪犯的思想转变、认知更新,重构再社会化的"思想阀门"。监狱对罪犯开展思想教育的内涵十分丰富,司法部《教育改造罪犯纲要》提出:要对罪犯进行法律常识和认罪悔罪教育,针对罪犯不懂法、不守法、法律意识淡薄等情况,开展法律常识教育,使罪犯了解掌握法律常识,认识犯罪危害,真诚认罪悔罪,树立遵守和敬畏法律的意识和观念,做到自觉守法。要对罪犯开展公民道德和时事政治教育,提高道德认知水平,反思人生教训,端正人生态度,养成良好道德品质和行为习惯,增进改造信心。《纲要》还明确规定罪犯刑满释放时,法律常识、道德常识教育的合格率都应当达到 95% 以上。

从实务层面看,监狱对罪犯的思想教育无论内容形式还是时间精力,资源投入都是最大最多的。虽然长期以来监狱对罪犯的思想教育形成了相对成熟的内容体系和运行机制,但也毋庸置疑地存在一些急待破解的难题。最突出的有:一是教育内容的广谱性与罪犯结构的差异性之间存在矛盾,监狱的法律道德常识教育基本上是"一味药剂大家喝",不分罪犯的年龄、学历、罪行、认知、需求等具体情况,用相同的教育内容、教育形式开展粗放型、广普式教育,分类化、针对性教育不够;二是思想教育的组织形式基本上以集体大课教育为主,近年来更多地通过视频电化教学方式进行,囿于民警师资总体薄弱的现状,教育的系统性、深入性不够;三是思想教育的效果检验缺乏科学量化标准,实践中还是以罪犯的"法律"、"道德"课目书面考试成绩来衡量教育效果,而对是否真正内化为认知转变与行为改善的教育成效,目前尚无一套成熟可行的检验标准与检验机制。

监狱思想教育实务中存在的上述问题,正是监狱在实践循证矫正模式中需要融合克服的重点指向。毋庸赘言,"三观"错位、法律道德意识淡薄等思想问题,是不少罪犯走上犯罪道路的重要因素,是需要着力矫正的"犯因性需求"。循证矫正是遵循"最佳证据"、围绕犯因性需求、实行项目化矫正、强调实证检验、追求效果效率的矫正模式,从这一逻辑理性出发,就非常有必要对传统监狱思想教育机制进行适度改造,将传统思想教育嫁接到循证化的轨道上来。循证矫正与监狱传统思想教育的融合的具体实践方式可以遵照图 1-3 所示展开。

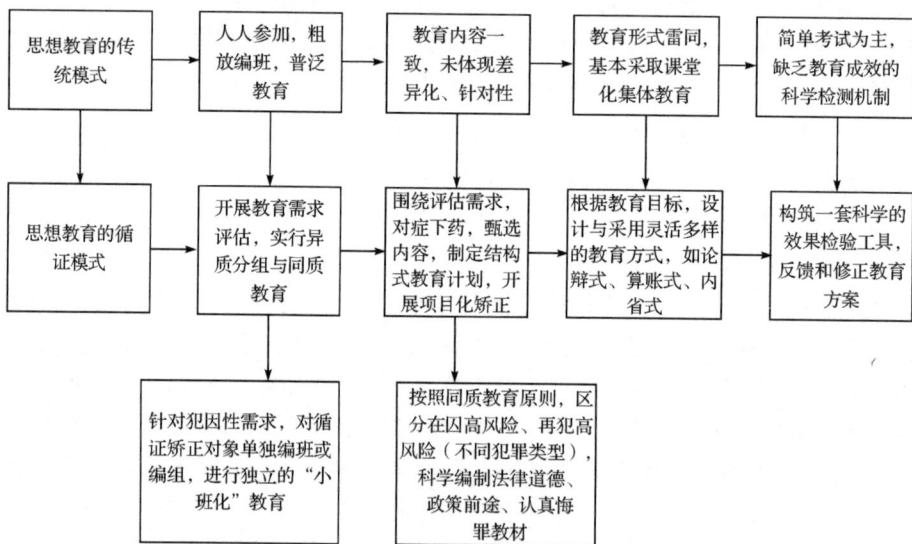

图 1-3 循证矫正与监狱传统思想教育的融合

(二)循证矫正与文化技术教育

文化技术教育是监狱"三课"教育的重要组成部分。《监狱法》第 63 条规定:

"监狱应当根据不同情况,对罪犯进行扫盲教育、初等教育和初级中等教育,经考试合格的,由教育部门发给相应的学业证书。"《监狱法》第 64 条规定:"监狱应当根据监狱生产和罪犯释放后就业的需要,对罪犯进行职业技术教育,经考核合格的,由劳动部门发给相应的技术等级证书。"可以说,对罪犯开展文化技术教育是监狱一项具有法律规定与执法属性的重要职责,这也意味着在监狱服刑的罪犯,必须按照规定自觉接受文化技术教育,这是罪犯服刑改造的一项法定义务。对罪犯实施循证矫正,文化技术教育也是一个不能绕过的领域。

从逻辑设计看,狱内押犯的文化程度普遍较低(如以浙江省十里丰监狱为例,截至 2014 年 8 月底,小学及以下文化程度的占押犯的 40.76%,不少是文盲(半文盲)。罪犯的受教育程度(文化程度)低下是他们犯罪的重要原因之一。一般而言,文化知识水平越低的人,其认知能力、观察能力、思维能力、道德水平、自我修养、文明素养相对较弱。[①] 正因为文化素质是个人发展与社会生存的一个重要基础性条件,因而开展狱内文化教育,提升罪犯的文化素养,同样是预防重新犯罪的"基石工程"之一。其次,罪犯缺乏一技之长、就业谋生能力低弱也是他们犯罪的重要因素之一。所以对罪犯开展职业技术教育,提高其刑满释放后的就业谋生能力,是将罪犯改造成为一名守法公民与自食其力的劳动者、预防重新犯罪的重要手段。

从"教育人、改造人"的视角看,对罪犯的文化技术教育,当然应当归属到循证矫正的项目范畴之内。文化(人文)能力是一个社会人最根本的、最重要的能力,在能力结构中处于基础和支撑的地位,也是罪犯能正常有效地实施循证矫正的先决性条件。而给予就业支持,本身就是循证矫正的一个必然考虑项目,这无论在中国监狱还是西方监狱,都是受到十分关注的一个矫正项目。问题的关键是如何将监狱传统的罪犯文化技术教育模式转变到循证矫正的轨道上来,按照循证的套路和原则,使文化技术教育更富有针对性、实效性、项目化,以下的融合路径恐怕难以回避。

1. 对罪犯文化与职业能力的科学评估

贯彻循证矫正的实证与评估精神,评估所要考虑的因子有:罪犯年龄;罪犯实际文化水平;罪犯文化感受能力;罪犯职业经历、职业特长;罪犯刑满释放后就业支持水平;罪犯职业偏好;罪犯的刑期;狱内职业培训课目。监狱需要制定一套科学的评估工具(量表),通过评估,可以对文化技术教育(矫正)给出"不需要—有必要"、"主选矫正—辅助矫正"的对象选择。

---

① 王明迪主编:《罪犯教育概论》,法律出版社 2001 年版,第 79 页。

2.在评估基础上制订文化技术教育（矫正）方案

罪犯文化技术教育（矫正）的项目方案，应当考虑年龄较小、文化水平低下（小学以下或文盲、半文盲）、刑期相对较长（服刑 3 年以上）、个人意愿和接受能力较好的对象，并制订针对性文化教育（矫正）方案，如扫盲教育、小学教育、中等教育、高等自学考试。在综合评估罪犯职业经历、职业特长、就业支持、职业偏好、年龄刑期的基础上，对缺少谋生技能与职业条件的对象，可以重点开展适宜的职业项目教育（训练）。

3.文化技术教育（矫正）过程与其他项目矫正应当有机协同

对罪犯开展循证矫正是一个综合的长期的系统工程，核心命题是针对犯因性需求，解决罪犯的反社会态度与行为，其中认知行为干预技能是应用的基本方法之一。文化技能教育（矫正）可以纳入广义上的认知矫正与行为训练课目，通过较长时间的教育训练，完成好学习课目，帮助罪犯提升意志力、进取心、自信力、自律力和成就感，增进罪犯的亲社会态度。如不懈的自学考试，对罪犯的自我约束、自我管理、意志信心培养都具有重要价值，是一项被实践证明有现实意义的矫正手段（项目）。文化技术教育（矫正）只有与其他矫正项目有机结合，才能取得良性互动的积极作用。

4.对监狱现行的文化技术教育模式的反思与调整

从循证矫正的科学、实证主义出发，监狱传统文化技术教育模式尽管在理论设计上有积极意义，但在实务运作上迫切需要修正。其一是由强制性教育向选择性教育转变。在教育对象选择上不能简单"一刀切"，不问罪犯的个体差异，不经认真科学评估，粗放式地编班授课。要走"精准、精细"教育之路，充分考虑对象的适宜性、意愿性、必要性，有选择、有差别地开展文化技术项目教育，将教育重点指向狱内的"在囚高风险、再犯高风险"犯群，真正提高教育的针对性。其二是要建立更加科学的效果检测标准。不能"重结果、轻过程"，把"取证与获证"作为评价结论，应当把通过文化技术教育给罪犯带来的态度改变、行为转变、技能提升等纳入考察体系。其三是要制订更加实用的教育课目与教育内容，与罪犯思想教育、人生观价值观矫正、心理矫治、处遇激励等有机融合，相互促进。其四是监狱文化技术教育要从传统办"特殊学校"的思维与运行模式中解脱出来。监狱罪犯群体与学校学生群体毕竟存在巨大的差异性，成年人的教育具有自身的规律，因此在教育的内容、方法、手段上需要更加契合狱内教育的特点与现实。

（三）循证矫正与个别教育

个别教育是为解决罪犯的个体或个性问题而开展的单独性教育活动。个别教育是我国监狱教育改造罪犯的一个传统方法，是监狱教育改造罪犯实践中应用最广泛、最普遍、最有效的一种教育（矫正）方法。长期以来监狱教育改造罪犯的经验表明,对罪犯的个别教育是一个不能替代、不可或缺的教育手段。个别教育所具有的针对性、灵活性、融通性的特点具有显著的教育效果,这也是我国监狱教育改造罪犯的一个"本土特质"与传统优势。为此,《监狱法》第 61 条规定:对罪犯的教育改造采取"集体教育与个别教育相结合,狱内教育与社会教育相结合的方法"。司法部《教育改造罪犯纲要》提出:监狱要根据每一名罪犯的具体情况,实施有针对性的个别教育。要严格执行"十必谈"的规定,每月对每一名罪犯至少进行一次个别谈话教育,并根据不同罪犯的思想状况和动态,采取有针对性的管理教育措施。这是我国监狱在法律法规层面针对罪犯个别教育工作所提出的规范要求。

　　循证矫正与我国传统教育改造手段要深度融合进而完成"本土化改造","个别教育"是一块重要而又关键的衔接阵地。西方循证矫正与我国传统个别教育之间存在诸多共性特点,在矫正过程中,都将"因人施教"作为一个基本矫正原则来遵循与体现。在西方循证矫正的基本原则中,因人施教是一项重要原则,要求在给犯罪人提供矫正服务时,充分考虑其个体特征。罪犯的个体特征包括(但不限于):文化背景、性别、动机阶段、发展阶段,以及学习方式等。这些因素影响着罪犯对于不同处遇的反应。因人施教原则还要求提供给罪犯的矫正对策,要根据罪犯的个体因素做出选择,包括与罪犯相匹配的处遇类型、与罪犯的变化阶段相匹配的沟通方式和方法等。[①] 因人施教更是我国监狱一直以来所注重并强调的一项教育改造原则,司法部《教育改造罪犯纲要》确立的"以人为本,重在改造;标本兼治,注重实效;因人施教,突出重点;循序渐进,以理服人"四大教育改造原则中,其中就包含了"因人施教"原则。

　　基于共同原则基础上的循证矫正与传统个别教育之间的有机融合,在实务层面可以从下列几个方面互动衔接。

　　1. 成功的个别教育案例是循证矫正证据的重要来源

　　"证据"是循证矫正的支撑要件,"证"是"循"的前提。循证矫正的关键性因素在于"证",即实践者要基于最佳证据,结合自身经验开展矫正活动。而从我国监狱现状看,目前所能参照的证据资源十分有限,大量的证据特别是理论研究证据与个案矫正证据缺乏大样本的实证调查、缜密的科学实验,信效度不高,可复制与可应用价值有限。因此,我国监狱走循证矫正模式,面临的一个最大现实问题是要"边建证、边循证"。从建证与循据角度看,我们的优势在于长期以来所积累的大量的个别教育与转化的成功个案。这些个案不仅是广大监狱民警教育转化罪犯的鲜活素材与经验凝结,更是我国监狱改造罪犯能力智慧、策略方法的生

――――――――――

① 郭健:《美国循证矫正的实践及基本原则》,《犯罪与改造研究》2012 年第 7 期。

动、真实、宝贵的实践成果。大量的成功的个别教育案例,按照"证据"属性进行分类化、标准化梳理后,是循证矫正的重要参照"蓝本"与证据来源。

2.个别化改造模式与循证个案矫正可以互融对接

个别化改造模式是个别教育的系统化与拓展化,是监狱针对特定罪犯所制订和实施的一项整体规范的个别教育转化方案,应用的重点对象集中在"顽危犯"群体。个别化改造强调"因人而异、一人一策",紧扣罪犯最突出的个别化问题,有针对性、系统化地对罪犯开展个别教育,促使罪犯转变犯罪思想,矫正行为恶习。个别化改造模式对循证个案矫正可以借鉴融合,个别化改造模式"改造升级"为循证个案矫正需要动些"手术":一要更系统地开展个案评估,由主观评判方式转向科学精准的量表检测评估;二是要引入证据支持,在制订干预方案时应当有相关的可靠依据,而不是仅凭主观经验;三要对矫正流程与效果开展规范化检测,而不能简单判断。

3.个别教育应当贯穿罪犯循证矫正的全过程

无论循证矫正的理念方法如何先进、干预项目怎样科学,都不能缺失传统"个别教育"手段的介入和串联。个别教育针对性、灵活性、沟通性、渗透性的特点,其对症下药、抓住时机、动情晓理、化解矛盾、打开心结的"药方",其谈话诱导、启发感化、恩威并举、迂回反复的"策略",是其他循证(干预)项目不可或缺、难以替代的。因此,对罪犯的循证矫正,更应重视个别教育的独特功能,将个别教育手段设计融合到循证矫正方案之内,并贯穿全过程。

(四)循证矫正与心理矫治

心理矫治是当前中国监狱普遍推行的一项罪犯改造手段。心理矫治在监狱矫正罪犯的方法谱系中,它的地位、价值、作用日益受到重视与加强,并拥有了法理渊源。《教育改造罪犯纲要》(司发通〔2007〕46号)提出:"发挥心理矫治对罪犯心理的调适、干预作用。对罪犯要普遍开展心理测验,了解和掌握罪犯的心理特征和行为倾向,通过心理咨询实施有效干预,使罪犯消除心理障碍,学会自我调适,恢复健康心理。"因此,有学者认为,心理矫治手段是我国监狱继监管、教育、劳动三大改造手段之后的第四大改造手段。

循证矫正的主要技术依赖于心理矫治技术,无论从西方监狱循证矫正的血统,还是目前国内的研究实践形态,都将核心矫正技能(项目)归口到心理矫治的范畴。从罪犯矫正视角看,同样发轫于西方监狱的循证矫正与心理矫治有"同宗同流"的融合关系,只不过罪犯心理矫治的起步时间较早。中国监狱从20世纪80年代中后期就已经开始心理矫正探索实践,通过近30年的发展,我们积累了丰富的实践经验,并形成了较成熟的工作运行机制,基本完成了"本土化"任务。而循证矫正才刚刚起步(甚至还谈不上起步),"本土化"的目标任重而道远,其中一个关键的命题是循证矫正如何与监狱心理矫治工作有机衔接与融合,具体逻辑叙述有以下几点。

1. 循证矫正原则与心理矫治原则相合共通

循证矫正实践和心理矫治均溯源于西方临床医学实践和理论的创新发展,其落脚点都是为了更好地服务矫正对象的矫正需求,因此两者在许多工作原则上有共通相融之处。例如,循证矫正的精准评估原则要求对矫正对象实施评估时,注重过程与系统相结合、定性与定量相结合,以及动态与静态相结合,以实现矫正资源的合理分配和矫正方案的持续改进;同样,心理矫治评估从时间上分为初次评估、阶段评估和总体评估,从维度上分为量表评估、对象自评和他人(包括矫治对象周围人士、矫治民警等)评估。又如,循证矫正的目标引导原则要求矫正目标的设立符合矫正对象的个人意愿,把良好矫正关系作为目标引导的关键;心理矫治的共同商定原则要求矫治民警和矫治对象共同设定矫治目标、制订矫治方案,并把矫治关系作为矫治工作成败的关键因素。又如,循证矫正和心理矫治都把助人自助列为重要原则之一。

2. 心理评估是循证矫正评估的重要组成部分

在循证矫正的研究和实践中,为了筛选循证矫正对象和评价循证矫正效果,对矫正对象和矫正效果进行评估成为重要的基础性工作。在矫正对象筛选工具方面,国内矫正机构和科研单位探索制订了适合中国国情、犯情和文化传统特色的罪犯检测评估量表,并在一定范围内进行了实践应用。比较有代表性的有司法部预防犯罪研究所牵头研制的中国罪犯评估系统(COPA)。该评估系统由罪犯心理测试个性分测验(COPA-PI)、犯罪心理结构状况分测验(COPA-SCI)、刑罚心理状况分测验(COPA-MPI)、犯罪心理结构变化状况分测验(COPA-TCM)、罪犯社会适应状况分测验(COPA-SAL)和附加测验等 6 个心理检测量表组成。江苏省监狱管理局在改造的质量评估应用的量表中,包括了心理、认知、行为量表。另外,还包括部分心理和精神诊断量表,如症状自评量表(SCL-90)、明尼苏达多相人格测验(MMPI)、艾森克个性问卷(EPQ)等。而在循证矫正对象的评估中,矫正对象的心理评价是其中的重要组成部分。由此可见,心理矫治工作中的心理评估,在循证矫正评估中发挥了重要作用。

3. 心理技术是循证矫正的重要技术手段

心理技术是循证矫正的常用技术之一,作为对矫正对象实施矫正的一项重要的比较成熟的技术,现在已成为许多国家矫正机构采用的矫正项目中的重要技术,并且得到了普遍的认同和较快的发展。而心理矫治在当前的罪犯改造工作中,已经成为继管理、教育和劳动之外的第四大改造手段。各省监狱系统构建和完善心理矫治工作机制,运用个体心理咨询、团体心理辅导、心理危机干预及心理健康教育等心理矫治手段,点、线、面相结合,对罪犯开展了卓有成效的矫治工作。循证矫正作为一种崭新的理论体系和实践模式,完全可以借鉴和吸纳现有的心理矫治工作模式和工作经验,充分整合监狱系统各方资源,为循证矫正试点工作提供支撑和保障。

4.心理矫治团队与机制是循证矫正的重要承载

历经多年的探索实践,监狱心理矫治工作得到了长足发展,特别是我们已经培养了一大批具有较高专业水准与实务能力的民警心理咨询师队伍,有的监狱获得国家二级、三级心理咨询师资质的民警比例超过了30%。同时,近几年监狱新招入的民警中,心理学专业毕业的大学生不少,不少人还具有心理学硕士学位。这支专业队伍不仅是监狱工作的主力军,更是监狱提升科学化矫正水平的中坚力量。循证矫正作为闪烁科学精神的矫正范式,其实现"本土化"目标,根本依靠的力量是监狱的民警心理咨询师队伍,运行承载的是监狱日益成熟、日益规范、日益完善的心理矫治工作机制。

（五）循证矫正与其他教育手段

在我国监狱教育改造罪犯的方法谱系中,监区文化、亲情帮教、社会教育、法律援助、帮扶救困等方法载体,在监狱改造罪犯实践中发挥着重要作用,既是长期工作经验的总结,又是监狱教育改造特色体现。循证矫正的本土化路径必然应当积极借助、汲收、糅合、发挥监区文化、亲情帮教、法律援助、社会教育等相关教育转化手段,作为重要的具体矫正措施。如要重视发挥改造环境和监狱文化氛围对罪犯的熏陶作用,为罪犯营造良好的改造环境,广泛开展丰富多彩的文化、体育活动,通过文艺演出、体育比赛和组织罪犯学习音乐、美术、书法等,丰富罪犯文化生活,陶冶罪犯情操,使罪犯在文明、人道,有利于身心健康,有利于矫治恶习,有利于重返社会的氛围中得到改造。要充分发挥亲情的纽带作用,以血缘情、同学情、师生情、同事情、战友情等情感力量,引导罪犯向上向善,调适罪犯服刑心理,增进罪犯改造信心。要借助社会教育、帮教志愿者、法律援助、帮扶救困等手段,利用社会资源,动员社会力量,参与、支持罪犯改造工作,力所能及地为罪犯解决实际问题,让其感受到社会的温暖与关爱,促进罪犯的人格完善,培育罪犯的亲社会态度。

三、循证矫正与劳动改造的融合

劳动改造是我国监狱改造罪犯的三大基本手段之一,是监狱贯彻"惩罚与改造相结合,以改造人为宗旨"方针的重要途径,是中国监狱制度的重要特色,具有不可替代的地位和作用。我国监狱对罪犯实行劳动改造制度具有坚实的理论基础、法律依据、实践支撑。马克思主义的唯物史观、辩证唯物主义的认识论和劳动学说是劳动改造罪犯的理论基础:"人的正确思想和认识只能从社会实践中来,物质生产实践又是社会实践最基本的形式,因此,让罪犯较长期间内从事生产劳动这项最基本的社会实践活动,无疑是矫正罪犯旧的错误认识和观念的最有效的方式。让罪犯在人的最本质活动中实现本质转变,在劳动过程中产生新的需要、新的交往方式、新的品质和新的语言,劳动是最有效的改造人的手段,体力劳动是消除一切社会病毒的伟大消毒剂。"从法律范畴看,《刑法》第46条规定:"被判处有期徒刑、无期徒刑的犯罪分子,在监狱或者其他执行场所执行;凡有劳动能力的,都应当参加劳动,接受教育和改造。"《监狱法》第69条规定:"有劳动能力的罪犯,必须参加劳动。"第70条规定:"监狱根据罪犯的个人情况,合理组织劳动,使其矫正恶习,养成劳动习惯,学会生产技能,并为释放后就业创造条件。"因此,对罪犯实行劳动改造是监狱刑罚执行的法定职责与重要内容。从监狱实践层面看,长期以来正反两方面的经验足以证明劳动作为罪犯改造基本手段的不可替代性,新中国的监狱劳动改造成就最大,社会效益最显著,这种成功的实践充分说明了罪犯劳动的存在价值,充分地肯定了罪犯劳动在罪犯改造工作中的重要地位。

从目前相关资料看,国外的罪犯循证矫正理论体系中还未涉及"劳动改造"的命题,国内的循证矫正理论研究亦未有人阐述过循证矫正与"劳动改造"的关系问题。劳动改造作为中国监狱最基本的罪犯改造手段,所占据的时间承载最多、组织承载最重,其对应循证矫正,同样是一个无法回避、不能绕过的问题。对于循证矫正的"本土化",必须认真研究、厘清与劳动改造的关系,唯一的路径是寻求循证矫正与劳动改造手段之间的良性融合。

1. 劳动改造的价值无须再论证,是科学矫正罪犯的"自然证据"

我国几十年劳动改造罪犯的成功实践充分雄证了劳动对管理、教育罪犯,预防和减少重新犯罪的重要功能和独特价值。罪犯劳动改造的社会实践性载体,有利于矫正犯罪思想与恶习,促进人际交往与身心健康,增进技能习得与谋生本领。劳动改造是切合中国监狱实际、科学改造罪犯的主要手段之一,在改造罪犯的手段体系中有着不可动摇的重要地位。从浙江省监狱的实践佐证看,劳动改造的价值得到反复验证,在关押特殊高危罪犯的监区(男性HIV罪犯、限制减刑罪犯等),曾经探索与尝试过一定期间的罪犯不劳动的管理改造模式,但都难以为继,最终还是恢复了劳动改造模式。为此,劳动改造是一个无须再论证的科学矫正罪犯的不可或缺的手段。循证矫正作为一种基于"最佳证据"的矫正方法,要实现"中国化"路径,"劳动改造"就是成熟、科学的"自然最佳证据"。

2. 将劳动改造纳入循证矫正干预项目的重要内容

西方国家的循证矫正干预项目(手段)主要是以心理矫治为主体、以"认知—

行为治疗"为主线的结构化矫正策略,无疑这种矫正体系符合西方监狱的矫正文化环境。但中国监狱要借鉴循证矫正模式,必然需要考虑中国监狱特色,而我们最大的特色就是劳动改造,因此,在循证矫正项目的设计方案中,无法回避劳动改造,应当毋庸置疑地将劳动改造列为循证矫正的重要干预项目。

从劳动改造手段的承载看,劳动之于罪犯,是一种知行统一的实践,是一种理论密切联系实际的教育,是一种存在决定意识的内在自觉生成式的改造重塑,而非外在强制与灌输的改造。劳动通过改变罪犯社会存在方式,为其创造出新的个人实践的条件,从而使罪犯产生新的自我意识和个人与社会的关系的认识,进而成为新人创造物质的基础和基本条件。从上述理论与实践逻辑出发,罪犯劳动改造是一项真正意义上的"认知—行为矫治"的科学模式。为此,劳动改造手段无可辩驳地应当成为罪犯循证矫正的重要干预项目。

3. 劳动改造手段与其他循证干预项目务必紧密结合

循证矫正是一个系统工程,循证干预项目也是一个由多种手段、方法组成的"矫正药方",劳动改造作为其中的"主味药"之一,需要与其他"药材"配伍配剂,调和"四气五味",才能发挥良好的药效。一是劳动改造手段需要与监管教育改造手段有机结合,通过对劳动工序流程、岗位操作的组织管理,培养与训练罪犯的纪律秩序和配合协作态度,改变和规范罪犯行为习惯,训练良好的行为定势。通过融入教育改造,引导罪犯在劳动过程中感悟劳动的价值与意义,体验劳动改造人、造就人的功能,树立"一分耕耘一分收获,一滴汗水一点欣慰"的诚实劳动观和价值观,转变不劳而获、盗诈邪骗的犯罪思想,增进劳动改造的自觉性与主动性。二是劳动改造手段需要与职业技能培养结合起来。按照罪犯的职业能力与职业选择,有针对性地安排配置劳动项目与劳动岗位,将技术含量较高、能够训练一技之长、增进职业能力的岗位,择优配置给最有需求的罪犯,为其提供刑满释放后的就业服务。三是劳动改造手段与认知行为矫治的互动融合。作为循证矫正的基本原则之一,认知疗法不可能仅靠观念的灌输导入,需要付诸一定的实践载体,而劳动改造就是认知—行为之间的一座融合桥梁、一个检验媒介。同时通过罪犯集体(社会化)劳动过程中与他人的协作、沟通,使其获得与周围人和睦相处、和谐互助的良好人际关系,培养罪犯融入集体(社会)环境的生活体验,改变自私自利、损人利己的不良心理品质,帮助训练正常人际交往关系,增进社会适应能力。四是劳动改造与罪犯再社会化的塑造相结合。犯罪是一个反社会现象,是与社会不相适应的思想、行为所致的结果。再社会化是由于原来的社会化失败或其基本上已不适用而重新学习社会价值和行为规范的社会化过程。对罪犯的再社会化是针对罪犯不遵从社会所倡导的基本价值和行为规范,认同和采取了反主流文化的行为模式进行的。矫正罪犯不良思想行为,养成良好的习惯行为,是再社会化的立足点。要让罪犯在劳动过程中消除不良思想,重新树立社会主导价值和行为规范。这种再社会化可以采取强制性的改造,迫使罪犯放弃旧有的价值观和行为方式,重新认同社会的主流价值。而劳动是社会活动的基础,劳动过程就是人的思想和行为不断形成和改变的过程。为此,劳动改造具有完成再社会化的教育功能,能够担当提供重新塑造思想和行为的平台,有益于罪犯再社会化的塑造。

4.劳动改造必须立足与回归到"矫正"职能上来

劳动作为改造罪犯的基本手段之一,也作为循证矫正项目之一,必须基于"矫正"的职能与需求,对罪犯劳动项目、劳动岗位、劳动强度、劳动时间、劳动技能、劳动保护、劳动激励等方面的设计,应当坚持因人制宜,体现矫正理念。实践中要防止和改变单纯将罪犯劳动作为惩罚或片面追求经济效益的做法,不能让劳动改造的职能偏向、价值变异,切实贯彻好、坚持好"劳动服务改造"原则,不折不扣地落实罪犯劳动任务、劳动保护、劳动报酬等相关法律法规,真正发挥劳动改造的矫正职能。对罪犯劳动改造应当坚持以下原则:一是依法实施的原则。监狱对罪犯组织实施劳动改造全过程中,要依法严格实施,要在法制化轨道上实施劳动改造,防止超出法律规定进行劳动改造的现象。二是科学设置的原则。劳动改造要讲求科学矫正,根据罪犯的犯罪原因和教育改造规律科学设置劳动改造项目,从劳动岗位的筛选到劳动改造效果的评价都要讲求科学,避免设置和组织不合理、不恰当而限制劳动改造功能的发挥或抑制罪犯参加劳动改造的主动性,影响改造效果和预期目标的实现。三是分类组织的原则。由于罪犯群体存在着差异,因而在劳动改造过程中要针对罪犯群体的差异和个体所表现出来的不同情况,采取不同的组织方式和管理措施。以能力强弱、年龄差别、基础状况、文化差异等条件为基础,依据改造规律和教育改造流程,组织设置适用不同情形的劳动改造活动。不仅要从各种角度合理组织各类罪犯在不同改造阶段的劳动,而且要设置不同类别的劳动岗位,以满足不同群体罪犯的改造需求,使罪犯在合理、适宜的劳动岗位上接受改造。防止一刀切地组织或不符合罪犯改造需求的劳动改造形式。四是系统规范的原则。在劳动的组织、设置、管理等方面要遵循人的需求规律、劳动规律和教育改造规律等,按照一定的标准予以协调统一,制定切实可行的相关制度加以保障,使其规范。

第二章 循证矫正的运行机制与工作流程

第一节 机构设置

一、循证矫正的领导机构

（一）循证矫正工作领导小组

1.成员组成

循证矫正工作是监狱工作的重要组成部分，特别是在试点阶段的循证矫正工作，所总结的方法、措施将对今后的循证矫正工作产生重大的影响。因此，对于当前循证矫正的试点工作，监狱必须高度重视，并且全力以赴，才能更好地保证循证矫正工作得到更加顺利地开展。因此，监狱循证矫正领导小组成员，最好由监狱的领导班子成员组成，领导小组的组长应由监狱的主要领导担任。

2.工作职责

（1）负责审定本单位循证矫正工作的总体方案；

（2）负责本单位的循证矫正工作的总体部署和资源分配；

（3）负责研究解决本单位在循证矫正试点工作中出现的重大问题；

（4）负责确定本单位循证矫正工作阶段性的工作重点、推进进度，并监督、组织循证矫正工作的考核评比；

（5）负责本单位循证矫正试点工作的总体评估。

（二）循证矫正工作办公室

1.成员组成

由本监狱的管教部门业务科室的相关领导及其他业务科室的领导，作为监狱循证矫正工作办公室的成员，对本监狱的循证矫正工作进行组织协调，做到上情下达、下情上传。

2.工作职责

（1）负责监狱循证矫正工作试点方案的贯彻落实；

（2）负责研究解决循证矫正试点工作中的重要问题；

（3）负责组织典型、疑难矫正个案的分析会诊；

（4）负责对监区循证矫正工作的业务指导、检查和考核；

（5）负责组织循证矫正业务培训和交流活动；

（6）负责组织开展与有关高等院校、科研机构和专家的循证矫正协作活动；

（7）负责循证矫正案例的收集和初审，建立本监狱循证矫正信息库，并向有关部门报送矫正证据信息；

（8）负责监狱循证矫正试点工作的调研和总结。

二、循证矫正的实践组织

（一）成立实践小组

由参与监狱循证矫正实践监区的主要领导、分管领导、管教股长、参与试点的分监区领导及心理矫治民警、罪犯改造质量评估民警等业务骨干组成循证矫正的实践小组，负责落实监狱循证矫正的具体实施工作。

（二）实践小组的工作职责

（1）负责完成监狱下达的循证矫正工作任务；

（2）负责做好循证矫正的各项准备工作；

（3）负责制订并实施罪犯循证矫正计划方案；

（4）负责完成循证矫正过程记载；

（5）负责循证矫正的过程评估和效果评估；

（6）负责组织本监区的循证矫正个案分析研讨；

（7）负责组织本监区参与循证矫正人员的业务培训和学习；

（8）负责循证矫正证据的收集、整理归纳和报审；

（9）负责本监区循证矫正试点工作的调研和总结。

三、循证矫正的科研组织

（一）成立科研小组

由监狱相关的管教业务部门的科室领导、监狱理论研究部门的负责人及监狱的理论研究骨干组成监狱循证矫正工作的科研小组，开展本监狱循证矫正工作的科研活动。

（二）科研小组工作职责

（1）科研攻关小组主要担负循证矫正试点工作中的各类专业性、技术性项目研究；

(2)编制各类评估与具体操作工具及流程指导书;

(3)指导各监区项目实践组实施操作,并与监狱外专家学者协作攻关。

第二节　制度设计

循证矫正的制度设计,是指监狱为了确保循证矫正工作的顺利开展,并取得预期的循证矫正效果,对开展循证矫正的各项工作进行规范的设计与制定。循证矫正的工作制度,是对循证矫正工作的方向指引及对其行为与措施的规范,是开展循证矫正工作的制度保障。循证矫正制度包括循证矫正工作的顶层设计制度、对象筛选制度、工作流程规范制度、项目管理制度、效果评价制度及民警队伍管理制度等。

一、循证矫正的顶层设计制度

循证矫正的顶层设计制度是监狱开展循证矫正工作的纲领性文件。因此,上至司法部,下至监狱具体的循证矫正操作的实务部门,都应当根据本部门职责的管辖范围,制定循证矫正的顶层设计制度。本制度应当阐明循证矫正工作在监狱工作中的地位、性质、作用,明确循证矫正的指导思想、领导机构、工作规划、具体措施、工作保障等,使监狱开展循证矫正工作做到有章可循,有"法"可依。

二、循证矫正的对象评估筛选制度

循证矫正对象的准确筛选是有效开展循证矫正工作的基础与关键。因此,制定和规范循证矫正对象的评估筛选制度,准确、有效地筛选出循证矫正工作的对象,是开展循证矫正工作的重中之重。循证矫正的对象评估筛选制度包括以下内容。

（一）循证矫正的对象指向

把什么样的人作为循证矫正的对象,这是监狱开展循证矫正工作的核心问题,也是原点问题。根据部分循证矫正工作试点经验表明,有的监狱把有重新犯罪可能的罪犯列为循证矫正对象,有的则把有心理疾病的罪犯列为循证矫正对象,有的则把高监管安全风险的罪犯列为循证矫正对象,等等。浙江省十里丰监狱作为司法部确定的首批试点单位之一,充分衡量了监狱的社会价值与监狱当前的首要任务,把切实减少刑释人员的重新犯罪率和降低各类监管安全事故,确保监狱的安全稳定,作为考量监狱循证矫正工作的最终标准,从而确定了两类罪犯作为循证矫正对象。一类是有高再犯风险的罪犯,也即刑释后有高重新犯罪可能的罪犯；另一类是有高在囚风险的罪犯，也即监内服刑期间容易引发各类安全事故的罪犯。

（二）循证矫正对象的评估筛选原则

1. 客观与主观相结合的原则

评估材料包含被评估者的主观内容，评估人员要坚持客观性原则，实事求是地对评估素材进行记载，并作出客观判断，从而有效地筛选出循证矫正对象。

2. 静态与动态相结合的原则

静态是对被评估对象特定的时间表现、状态进行记载、分析，并最终进行判断、定性。而动态是指对被评估对象过去的表现、状态进行连续的记载、分析，再进行判断、定性，并要根据过往的行为轨迹、思想状态对今后的表现进行预判。

3. 科学性与实用性相结合的原则

循证矫正中的科学性是指应用科学的标准，采用科学的方法，对评估对象进行科学的评估。它确保循证矫正评估质量，是实现评估目标、准确筛选评估对象的前提。但是由于循证矫正工作在我国的实践比较迟，成熟的评估标准不多，科学的评估方法也正在探索中。因此，绝不能以"等靠要"来解决循证矫正的科学标准和方法，应当结合我国长期的监狱工作经验，采用一些实用性的标准和方法来解决循证矫正对象筛选难的问题。

4. 单项评估与综合评估相结合的原则

这里的单项评估是指对循证矫正的备选对象的风险进行单方面的评估，如单独进行再犯风险评估与单独进行在囚风险评估等。综合评估是指对循证矫正的备选对象通过全方位、综合性的评估来确定循证矫正备选对象的风险问题。

（三）循证矫正对象评估筛选工具的选择

当前，权威的循证矫正对象评估筛选的工具不多，主要有以下内容。

1. 本土化量表

（1）中国罪犯评估系统（COPA）。它由司法部监狱管理局、中国心理学会法制心理专业委员会、司法部预防犯罪研究所、中央司法警官学院等机构共同研制，包括六个心理测量表。测量的指向是罪犯的再犯可能性。（2）刑释人员再犯风险评估量表（RRAI）。它由浙江警官职业学院的黄兴瑞院长与孔一教授研制，量表包括 6 个维度、51 项因素。测量的指向也是罪犯的再犯可能性。（3）心理、认知、行为量表（XRX）。它由江苏省监狱管理局罪犯矫正质量评估课题组研制，量表由心理健康、认知水平和行为倾向三个分量表、31 个因子组成。量表的功能是罪犯的重新犯罪预测。（4）再犯风险评估量表。它由江苏省司法警官职业学校宋行教授研制，本量表分 11 个维度、43 个因子，测量的指向是罪犯的重新犯罪风险。(5)罪犯改造成效评估量表。它由山东省监狱管理局与凌文铨、方俐洛合作研制,量表分为量表 A(民警用)、量表 B(罪犯用)两个部分,每一部分又各包含 3 个因素、28 个项目。具体的测量指向是罪犯的改造成效,引申的测量指向是重新犯罪。(6)在囚风险预测量表。浙江警官职业学院与浙江省十里丰监狱正在联合研制,测量指向是罪犯在狱内引发安全事故的可能性。

2.引进的应用量表

这一类量表主要是心理与精神诊断量表。目前,我国监狱系统引进的应用量表用于对循证矫正对象进行评估筛选,如症状自评量表(SCL-90)、明尼苏达多相人格测验(MMPI)、艾森克个性问卷(EPQ)等,用这些量表对循证矫正的备选对象进行在囚风险和再犯风险的评估。

不论是本土化的量表,还是引进的应用量表,必须把量表的信度和效度作为评估筛选循证矫正对象的重要标准。因此,在本制度中要明确选择适应本单位循证矫正工作人员的操作,而又能确保评估筛选的信度和效度的量表作为支柱量表,再确定另外的一到二种量表作为检验量表或是备选量表。

(四)循证矫正对象的评估筛选标准

每一种量表的评估结果都会以一定的分值进行表示,并根据分值的不同区分高度风险、中度风险和低度风险的循证矫正备选对象。如宋行教授研制的再犯风险评估量表(CRA 量表),对于未成年罪犯来说,30 分以下是低再犯风险,30 分以上 40 分以下是中度再犯风险,高于 40 分是高度再犯危险。对于刑期在 15 年以下的成年罪犯来说,低于 10 分是低再犯风险,10 分到 20 分是中度再犯风险,20 分以上是高度再犯风险。对于刑期在 15 年以上的成年罪犯来说,低于 50 分是低再犯风险,50 分至 80 分是中度再犯风险,高于 80 分是高度再犯风险。其他的量表对风险等级有各自的分值界定和表述。各循证矫正单位要根据量表的分值界定和表述,对循证矫正的备选对象进行分类,把高风险的罪犯作为循证矫正的对象,把中度风险的罪犯作为循证矫正的可选对象进行关注。鉴于 CRA量表对于刑期在 15 年以上和 15 年以下成年罪犯的各类风险等级的界定分值差距过大,对处在临界刑期的罪犯,如刑期在 13~17 年的罪犯,必须要用其他量表进行配合检验,以确保评估筛选的准确性。

三、循证矫正的工作流程规范

循证矫正的工作流程规范是确保循证矫正工作能按照要求顺利开展的重要保证,也是确保取得既定循证矫正效果的重要保障。所以,必须以制度的形式对循证矫正工作加以规范。须规范的循证矫正工作的具体环节有以下内容。

（一）明确问题

要明确问题，必须先收集信息并进行信息的分析处理。因此，在这一环节中需要规范三项工作。

1.信息的收集

循证矫正要收集的信息内容包括：(1)循证矫正对象的个人信息。包括个人特征与社会关系信息、违法犯罪信息、心理行为特征信息和认罪态度信息等四个方面。(2)环境信息。主要包括个人成长环境信息、生活环境信息、交友环境信息和服刑环境信息等方面。(3)刑罚体验信息。主要包括罪犯被执行刑罚后所产生的一系列信息，如自身的、环境的和家庭的等，必须加以客观、细致地收集记载。收集信息的方法包括查阅档案、面对面访谈、行为观察、问卷调查和量表检测等。

2.信息的分析

信息的分析要从两个方面进行规范。(1)信息的筛选甄别。通过分类识别、复查，对收集的犯情信息进行筛选和甄别，做到去伪存真。(2)问题判断。通过对收集到的信息进行研究、分析，判断循证矫正对象的犯因性问题，这些问题包括生因性问题、心因性问题、社因性问题和综合性问题等四类。

3.形成问题结论

通过对循证矫正对象的信息收集、分析与研判，最终形成循证矫正对象的犯因性问题结论，并形成诊断报告。报告的格式包括标题、基本情况、问题分析、诊断结论等部分。

（二）选定证据

选定证据必须分三步走：(1)检索证据。通过检索"关键词"，到循证矫正的证据库、资料库、期刊网及网上的各类数据库上进行证据检索。(2)筛选证据。通过筛选，保留与循证矫正对象的类型、犯因性问题等相匹配的证据。(3)评价优选证据。通过对证据的评价，找出最佳证据。最佳证据要"对症"、"可行"。

（三）矫正方案的制订与实施

1.制订针对性矫正方案

根据罪犯的主要犯因和突出问题，采用包干警员提出矫正方案，项目实践组集体讨论通过的方法制订罪犯矫正方案。方案采用统一标准格式，方案中要列出罪犯的主要犯因或突出问题，并进行分析，措施要具体、针对性强，并说明依据。

2.实施方案

在方案实施的过程中要尽量引导罪犯主动接受，以增加实施效果，要确保矫正措施的强度、密度合理,并严格依据程序操作。方案由项目实践组中的包干警员负责具体实施,组长负责实施的监督、指导。

(四)矫正效果评估

1.阶段性评估、反馈修正

方案的实施者(也可以是项目组的其他成员)应定期通过访谈、观察、测量等方法对方案实施效果进行掌握,定期撰写方案实施记录供组长督查指导或自查,发现问题应及时提出并通过评估反馈,做出方案调整决定。

2.周期评价

一般周期为六个月,待一个周期完成后,即组织对罪犯的主要犯因或突出问题进行再测以比较前后变化,并由方案具体负责人陈述方案实施情况,组长组织成员对方案进行评价(参照评价标准)。

(五)撰写循证矫正报告

方案负责人根据方案实施情况和周期性评价结果撰写矫正报告(可参照统一格式,格式一般包括标题、内容摘要及关键词、循证矫正对象描述、证据的选定、矫正方案及实施、矫正效果评估和矫正结论),报告中要比较前后测结果并分析原因,要具体说明所采用的方法、措施以及依据。报告由组长审核并最终提交监狱循证矫正试点项目领导小组办公室。

四、循证矫正的项目管理制度

循证矫正项目是指监狱专门用来实现罪犯某个具体矫正目标的系统化、程序化、规范化、可操作的干预措施或课程。[①] 循证矫正项目的设计与应用是循证矫正工作能结合本土化的要求,从而得以快速推进,并在基层监狱得以落地生根的前提,也是确保循证矫正工作质量和循证矫正效果的基础。

(一)循证矫正项目的来源

循证矫正项目的来源有三类:(1)自主研发。应用教育矫正、心理矫治的基本原理,并根据犯因性需求,从解决犯因性问题的根本目标出发,采用规范的矫正流程、措施与方法,并经过矫正效果评估,取得实效的矫正方案,就可以形成一个矫正项目。经过信度和效度检验的矫正项目就构成一个成熟的循证矫正项目。(2)证据改进。把非项目化的证据进行改进,使之成为流程规范、便于操作的项目,这样的项目也必须经过信度和效度的再检验。(3)引进应用。引进国外经过事实检验有效的矫正项目并直接应用。

---

① 周勇:《矫正项目:教育改造的一种新思路》,《中国司法》2010年第4期。

（二）循证矫正项目的编制要素

编制循证矫正项目的主要要素有以下内容。

1. 项目全称

应当分主标题与副标题，主标题常以本项目指向解决的犯因性问题，副标题是本项目采用的主要矫正措施。这样的命名方式，既可以避免项目命名重复，也可以直接看出要采用的矫正措施。

2. 适用对象

循证矫正项目必须标注适用对象，便于检索、分类。

3. 实施条件

对实施本项目的条件进行描述，便于应用本项目时，进行条件准备。

4. 矫正措施

矫正措施必须详尽描述，内容必须具体完备，便于参与矫正的民警重复应用。

5. 矫正效果评价

必须对采用本矫正项目的效果进行客观全面的评价，并标明注意事项，便于矫正民警选择矫正项目时作参考。

（三）循证矫正项目的实施要求

循证矫正项目实施的要求有以下内容。

1. 目标一致

要求项目实施的目标与循证矫正所要达成的目标高度一致。

2. 对象匹配

循证矫正项目所能矫正的对象与需要矫正的对象要求高度匹配。

3. 条件成熟

实施循证矫正项目的所需要的条件都具备了才能具体实施，这些条件既包括软件的条件也包括硬件的条件。

4. 计划周详

实施循证矫正项目的计划必须做到周详，这些计划包括对谁实施、由谁实施、何时实施、在哪实施、怎样实施等环节安排。

5. 专人实施

一个循证矫正项目必须由专人实施，并且必须严格按照项目既定的内容实施，不随意增减项目内容，这样才能确保项目实施不变样，实施效果有保证。

6. 全程记载

对实施项目的过程进行全程记载，特别是实施过程中出现的好的情况、意外情况都要详细记载,有利于项目效果的追踪,并为项目的再优化提供依据。

7.效果评价

循证矫正项目实施完毕后,必须对实施的效果进行综合评估,并给出评估结论。

(四)循证矫正项目的修正

通过项目的实施后,发现没有矫正效果、负效果或者是有更好的内容替代的,必须对循证矫正项目进行修正。具体要求有以下几点。

1.以效果评价作标准

项目实施后,经过综合评估,三次以上被评为效果差的项目,必须进行修正(修正包括实施对象的修正、具体内容的修正等),经过修正后三次以上被评为效果差的项目,要废止。

2.以实施的记载为依据

通过项目实施过程的记载,对矫正对象的匹配性、实施内容的针对性进行详细的记载,循证矫正项目的修正要把这些记载作为修正的重要依据。

3.必须进行再评估

循证矫正项目修正完成后,必须进行效果的再评估,只有通过效果再评估后,才能再进行推广应用。

(五)循证矫正项目实施的管理

循证矫正的项目管理,就是为实现循证矫正的目标,对循证矫正项目的研发、应用、实施、评估等进行指导、组织、协调和监督管理。这样的管理依赖于一定的组织,需要一定的过程,要求达到一定的绩效。因此,项目管理可以分为组织管理、过程管理和绩效管理三个部分。

1.循证矫正项目实施的组织管理

根据当前监狱管理的组织层级和循证矫正工作的职能要求,循证矫正的组织管理可以分为省监狱管理局、监狱和监区三个层级。

(1)省监狱管理局循证矫正项目管理职能部门。主要职责是负责研究、组织、布署、指导、协调全省监狱循证矫正项目管理工作;负责制订全省范围内的监狱循证矫正项目管理工作规划,落实、检查和督促循证矫正项目的管理与实施工作;负责组织专家开展对循证矫正项目的研发、审查、评定工作;负责对循证矫正项目的推广、优化、修正工作;负责组织循证矫正项目实施操作人员的遴选、培训和管理工作。

(2)监狱循证矫正项目管理职能部门。主要职责是负责研究、组织、布署、指导、协调本监狱的循证矫正项目管理工作;负责制订本监狱的循证矫正项目管理工作规划,落实、检查和督促循证矫正项目的管理与实施工作;负责配置、完善和管理本监狱的循证矫正项目管理的设备、设施;负责合理配置、调配使用循证矫正的各类项目管理资源;负责组织研发、引进、递送评审本监狱适用的循证矫正项目;负责选配、使用、培训本监狱的循证矫正项目实施人员;负责制订适合本监狱的循证矫正项目管理制度;负责对本监狱的循证矫正项目实施绩效考核。

(3)监区循证矫正项目管理小组。主要职责是负责组建、使用、考核本单位的循证矫正项目管理团队;负责根据循证矫正工作目标的需要实施循证矫正的各类项目;负责记载、收集、整理循证矫正项目实施过程中的各类信息;负责组织对本单位循证矫正项目实施的效果评估;负责收集、整理、归档各类循证矫正项目的实施资料。

2.循证矫正项目实施的过程管理

循证矫正项目实施的过程主要包括按流程实施、实施过程中矫正工作人员的配置和循证矫正项目实施的效果评价等。循证矫正项目实施的过程管理主要包括实施的流程管理、循证矫正项目实施的人员管理和循证矫正项目实施效果的跟踪管理三个部分。

(1)实施的流程管理。循证矫正项目实施流程的管理可以分为计划、启动、实施、监控和评估等环节。①计划。通过评估确定循证矫正的对象后,要制定严格的循证矫正计划,计划的内容包括矫正的时间、地点、人员、条件、选用的矫正项目、预期达到的矫正效果等。②启动。循证矫正工作人员根据循证矫正项目管理职能部门的授权,根据计划的要求,开始调用循证矫正项目资源,对被授权矫正的对象进行矫正。③实施。矫正工作人员根据循证矫正项目的具体要求,按步实施循证矫正项目。④监控。对正在实施的循证矫正项目的进展情况,实施过程中出现的偏差情况、风险情况等进行跟踪、监督和控制等管理。⑤评估。对项目实施的评估要区别于项目通过实施后的效果评估。对项目实施的评估,主要是在项目实施完成后,评估人员对项目的实施过程进行总结回顾,特别是有没有按项目的要求严格实施,有没有达到预期的矫正目标,对项目本身有没有修正或再优化的需要等。

(2)循证矫正项目实施的人员管理。①项目实施人员配置。每一个项目的实施必须配置一名项目实施责任民警。项目实施责任民警必须具备一定的循证矫正专业技能。②项目监控人员配置。每个项目的实施,必须落实监控责任,加强对项目实施过程的监督与管理。③项目管理团队配置。每一个监区必须建立专门的项目实施管理团队,对循证矫正项目的实施,进行计划与落实,组织探讨项目实施中的疑难问题、项目的修正和优化方案等。④人员的变动。对不能按计划实施循证矫正项目,或实施的成效不明显,或出现负面作用,或矫正对象产生严重的对立情绪的,必须对矫正工作人员进行调整。

(3)循证矫正项目实施效果的跟踪管理。要加强对循证矫正项目实施效果的跟踪管理,必须从四个方面入手:①采用科学的评价标准。对循证矫正项目的实施效果进行科学评价,必须采用以实现循证矫正目标为主体的科学评价标准,以真正达到效果来评价对实现矫正目标的积极作用。②实现多维评价。要通过对矫正实施人员的实施情况评定、矫正对象对矫正效果的自我评价、管理民警对矫正对象矫正后的表现评价、其他罪犯对矫正对象矫正效果的评价等多维的评价来综合评定循证矫正项目实施的效果。③确定合适的评价时间。一般在一个项目实施的阶段性任务完成后进行评价。当然,对矫正工作人员是否严格按循证矫正项目的要求开展项目的实施工作,应当是随时跟进掌握的,不能拘泥于时间的要求。④总结提高。项目实施跟踪管理的目的是为了总结提高,通过跟踪管理对循证矫正项目实施过程中,目标设定不当、矫正技术和策略运用失误、矫正项目中的措施落实不力和矫正项目实施的节奏把握不当等问题进行查摆与纠正,消除消极面的影响,弘扬积极因素,提升循证矫正项目实施的效果。

3.循证矫正项目实施的绩效管理

循证矫正项目实施的绩效管理是指对实施循证矫正项目的组织、团队、个人等在某一时间段内完成循证矫正项目任务的数量、质量、效果、效率等体现业绩的各要素进行的管理活动。循证矫正项目实施的管理要从以下几个方面进行规范。

(1)明确循证矫正项目实施绩效管理的机构和人员。根据循证矫正项目实施的层级管理要求,以及各管理层级的职责权限,结合循证矫正工作项目实施的管理目标与工作目标,上一级的循证矫正项目实施管理机构及人员,负责对下一级的机构,及所属团队、人员的管理、监督和考核。

(2)制订循证矫正项目实施的绩效管理、考核的标准体系。制订科学合理的循证矫正项目实施绩效管理考核的标准体系,是确保循证矫正项目得到严格、有序实施的前提,也是衡量循证矫正项目实施的效果与效率的基础。管理考核的三个维度:一是循证矫正项目是否得到严格、有序的实施;二是项目实施人员在实施循证矫正项目的过程中,有没有尽到应尽的职责;三是项目实施后有没有达成预期的目标,取得预期的效果。

(3)循证矫正项目实施绩效管理考核的形式。循证矫正项目实施管理考核的三种形式:①阶段性的管理考核。即单位时间内循证矫正项目实施的管理绩效考核,这个时间可以是月度,也可以是季度,甚至是年度。②单项考核。对某一循证矫正对象实施项目后进行的管理考核,或是对某一个项目实施后的管理考核。③日常性的检查考核。日常性的检查考核,主要是加强对循证矫正项目实施的过程管理,使循证矫正的项目实施,能逐步按项目的预设要求开展,实现预定目标。

(4)循证矫正项目实施管理考核的一般程序。①发布管理考核标准;②开展自查自评工作;③组织考核评比;④考核评比结果认定。

(5)循证矫正项目实施管理考核结果的应用。①单位和个人争优评先的依据;②民警年度业绩考核的依据;③循证矫正项目实施队伍优胜劣汰的依据;④循证矫正民警队伍培训、培养的参考依据。

第三节　人员配备与设施配置

一、人员配备

循证矫正是一项专业性强、工作量十分繁重的全新工作。没有专业的人才警力保障,循证矫正试点只能是一句空话。为务实高效地推进试点实践,切实迈出实质性步伐,以期取得良好的试点成果,要在全监范围内选配素养好、专业强的精干民警,给循证矫正对象集中的各关押点各增配 2 名专业民警。原则上将其直接配置到试点分监区,专门担负循证矫正项目试点任务。这既是监狱循证矫正的警务保障,更是能否完成好试点任务的最为关键的"人才保障"。此外,试点监区成立项目实践小组,并在本监区范围之内,进行适当的警力调整,配齐配强循证矫正实践分监区的警力,使各项试点任务落到实处。

二、设施配置

设施配置是开展监狱循证矫正工作的硬件条件。为了使有限的硬件设施能集中、高效地使用,必须建设循证矫正的工作基地。根据浙江省十里丰监狱的经验,循证矫正基地的硬件设施有:团体矫正室、评估测量室、循证矫正个案分析室等基本的硬件设施,也需要有书画矫正室、织绣矫正室等拓展的矫正硬件设施。

(一)CBT 矫正区、数据中心

1. 团体矫正室

设施功能:开展认知行为疗法的集体活动功能场所。

硬件要求:配置多媒体讲台桌椅一套、投影仪加电动幕布一套、音响一套、一体式会议凳 50 张。

2. 评估测量室

设施功能:实施沙盘、绘画、心理量表测量,以及计算机信息化水平的综合评估测量场所。

硬件要求:配置 4 台电脑加桌椅、沙盘、画架 2 套。

3.数据中心

设施功能:用于循证矫正的资料库、数据库、档案库建设。

硬件要求:配置 6 台对坐式电脑加桌椅,数据存储设备一套,大屏幕电视机 1 台,书柜与档案柜一组。

4.认知暗示训练室、瑜伽冥想训练室

设施功能:用于循证矫正项目实施的训练室。

硬件要求:中间书架阻隔,配置投影仪音响一套、瑜伽垫健身球 16 套;配置音乐放松椅 2 张、个体心理咨询沙发一套。

5.循证个案分析室

设施功能:用于对循证矫正进行个案分析的场所。

硬件要求:配置投影仪一套、24 座会议桌椅一套。

6.宣泄室

设施功能:用于接受循证矫正罪犯宣泄情绪的场所。

硬件要求:配置击打、呐喊宣泄器具。

(二)艺术矫正区、技能矫正区

1.书画矫正室

设施功能:对罪犯开展书法、绘画艺术学习与训练的教育矫正功能场所。

硬件要求:配置投影仪一套,书桌 14 张,画架 20 套。

2.织绣矫正室

设施功能:对罪犯开展针织、刺绣艺术学习与训练的教育矫正功能场所。

硬件要求:配置投影仪一套,十字锈架 16 只,针织(编织)桌椅 16 套。

3.器乐矫正室

设施功能:对罪犯开展音乐、器乐学习与训练的教育矫正功能场所。

硬件要求:配置投影仪一套,音响一套,电子琴 5 台;吉他架 5 个,二胡架 5 台,葫芦丝架 5 台。

4.驾驶技能矫正室

设施功能:对罪犯开展模拟驾驶理论与技能训练的功能场所。

硬件要求:配置模拟驾驶机 4 台,理论考试电脑 4 台。

5.维修技能矫正室

设施功能:对罪犯开展电脑、电视、空调、洗衣机、电瓶车、电动机等常用家电的维修工培训的功能场所。

硬件要求:配置投影仪一套,电动机维修台、电视机维修台、电冰箱维修台、电瓶车维修台、电脑维修台、空调机维修台各 1 座。

6. 园艺技能培训室

设施功能：对罪犯开展现代生态农业的种植、养殖学习与培训的功能场所。

硬件要求：滴灌技术设备、无土栽培技术设备、立体农业技术设备、大棚建造技术设备等。

第四节　循证矫正方案设计

一、矫正对象筛选

（一）对象筛选原则

1. 目标导向

在试点阶段，对象筛选主要遵循目标导向原则，即将最优质资源集中配置在最需要矫正的领域。监狱目前有两大任务即保证监管安全和降低再犯率，故在矫正对象选择时选择那些已有的或潜在的对监狱秩序和社会安全稳定实施破坏性行为可能性大的高再犯危险和高在囚风险罪犯。目前，试点过程主要选取盗窃类罪犯和暴力类、自杀类、脱逃类罪犯，主要参考现有的研究成果：盗窃类罪犯在监狱押犯结构中比例较大，且属于再犯风险极高的群体。暴力类、自杀类、脱逃类罪犯由于自身心理特质和心理倾向性，在监禁状态下，对监管秩序的破坏性较大。

2. 分层抽样

根据效益最大化原则，即尽可能实现矫正效益最大化。在上述几类罪犯中进行层级分类。主要从刑期层：选取刑期 4 年以上 10 年以下罪犯；犯罪次数层：2 次以上犯罪；在暴力类群体抽样中增加狱内违规层：有扣 2 分以上违规的。

（二）样本筛选方法

1. 量表评估

主要借助于合作高校自主开发的在囚风险评估量表和再犯风险评估量表，以科学的手段研判备选样本。在囚风险评估量表是由暴力量表、自杀量表、脱逃量表组成，主要借鉴国外罪犯危险评估量表，并根据目前中国监狱在囚罪犯现状确定常模。再犯风险评估量表主要由浙江警官职业学院黄兴瑞教授主编。

2. 常规评估：阅档、改造表现、结构性访谈

阅档是搜集研究与矫正对象有关的档案资料，以便于纵向掌握备选样本成长经历、心理的发展脉络和犯罪情节从而掌握其初步资料。改造表现分析主要

是通过了解其在监禁状态下遵规守纪、劳动改造、生活卫生、同犯关系、学习情况、集体活动参与情况等了解罪犯的潜在危险性、改造适应性和监禁状态,进一步筛选样本。结构性访谈是通过与备选样本的谈话,了解备选样本的成长史、教育史、交往史、受挫史、社会化情况等以判断备选样本的问题典型性。

3.动态结构性临床分析

首先,根据量表检测,初定被选样本;其次,矫正工作者临床分析,对被选样本进行结构性访谈、查阅档案、调查改造表现,得出主观评估结果,并对两项分析进行主观评定。通过常规评估与量表评估相结合的方法,实施动态结构性临床筛选,对样本的再犯风险和在囚风险进行综合分析,确定样本的相应风险等级,从而在备选样本中筛选出具有典型代表意义的样本,即筛选出矫正方向、矫正目标、矫正条件高度契合的价值最大化的样本。

(三)实验组与对照组

在样本选择完毕后,需要进行随机分组,设置实验组和对照组。在实验组采取一些特殊的矫正措施,对照组则只按常规措施进行管理教育以此评估干预项目的效果。在设置过程中,要注意对对照组进行严格保密,同时要充分调动实验组参与的积极性和自主参与意识。同时,注意实验组的同质性。

(四)资源配给

1.分类关押

根据风险评估结论,调整样本关押模式,将两类样本分别关押至两个分监区,综合考虑现有监禁条件,分类关押采取小组集中模式,如将盗窃类实验组和对照组样本分别集中在同一分监区的两个小组。除实施矫正项目不同外,尽力配置同样的监管资源,以减少外因对样本的干预。

2.专家库资源匹配

在监狱现有条件下,调选项目实践组矫正官,负责项目实施;配备专家组成员,负责样本问题确定、方案制订、矫正项目研究;引入督导组,其主要为浙江警官职业学院教师资源,负责各阶段风险评估和过程控制。在矫正实施过程中,首先要对实践组矫正官进行严格筛选,要求既有管教经验又要具备专业理论基础,同时进行集中培训,以确保项目实施的有效性。

二、问题确定

(一)犯因性问题确定

1.评估方法

采用自编的犯因性需求评估量表。主要从下列维度进行评估:罪犯就业问题;婚姻与家庭问题;交往问题;滥用药品问题;个人情感问题;反社会态度和价值观;意志心理状态、态度问题等。分别对每个方面设置不同的指标,最后确立就业问题 8 个指标、情感问题 12 个指标、态度问题 4 个指标等。具体示例如下:

就业方面需要的确定与分析:

罪犯文化程度低于初三?　　□是　□不是　□不知道

罪犯是否没有学习能力?　　□是　□不是　□不知道

是否有身体上的缺陷?　　□是　□不是　□不知道

是否对自己的工作不满意?　　□是　□不是　□不知道

工作史的稳定状况?　　□是　□不是　□不知道

在工作岗位上是否可信?值得依赖?　　□是　□不是　□不知道

是否很难满足工作的需要?　　□是　□不是　□不知道

是否在工作中很难与人交往?　　□是　□不是　□不知道

就业需要的印象评价:

□能够适应社会

□不是需要立即提高(没有引起问题的历史原因)

□有提高的需要(有引起问题的历史原因,但是问题并非特别大)

□需要认真考虑提高罪犯的就业能力(存在适应社会问题)

就业状态:

就业?　　□全职　□兼职

职业教育状态:　□专门参加　□临时参加

是否需要干预?　　□需要　□不需要

干预内容:

基础教育?　　□低　　□中　　□高

特别技能或者培训?　　□低　　□中　　□高

职业咨询?　　□低　　□中　　□高

同事相互交往?　　□低　　□中　　□高

工作习惯?　　□低　　□中　　□高

寻找工作技能?　　□低　　□中　　□高

补充:

干预参与动机水平如何?

□低(自己不愿意参与)

□中(愿意按照个案管理人员的要求参与干预)

□高(具有较高的参与积极性)

2.需求分类

为了进一步探索犯因性需求和寻找矫正目标,将犯因性需求进行分类是必要的。可将犯因性需求分为环境因素、个人因素、交互作用因素。

我们认为,在监禁状态下实行的矫正无法对监禁状态解除后的环境因素,以及情景因素施加有效影响,因此,监禁状态下矫正的关键和核心是矫正样本的个人缺陷和交互作用即个人对环境的认知。具体包括犯因性生理因素、犯因性心理因素、犯因性行为因素、犯因性认识缺陷、犯因性反应方式等。

(二)外因性问题

外因性问题即通过影响样本稳定心理状态的核心问题和生活事件,诸如离异、家庭变故、近期矛盾事件、身体变故、出现违规违纪等改造事件,都会导致样本在一段时间内出现再犯或在囚高风险,因此,在问题确立阶段,诸如此类的外因性问题必须首先筛查。

(三)矫正对象发展史问题

矫正对象发展史问题,即在个体发展过程中存在的不足,以及未来的发展需求。调查样本生活史、成长史、犯罪史及在成长关键期的关键心理状况,挖掘其内心的成长成才愿望在问题分析阶段具有重要意义,特别是在下阶段的项目设置和矫正对象未来发展中具有无法忽视的作用。

(四)问题模型建立

在分析过程中采用量表测验、访谈、电话家访、行为观测和综合分析等手段,确定矫正对象主要问题。利用统计分析技术,对问题进行评价合成,建立问题模型。

(五)干预度选择

根据问题模型和效益最大化原则,并参考个性与共性、核心与外围、点面结合的策略,将样本问题分为一级问题、二级问题和三级问题。一级问题为亟须解决的、可能解决的核心问题;二级问题为可以尝试解决的、非核心的、非个体性的问题;三级问题为无法解决的、社会性的问题。并依此决定问题的干预度。

三、矫正证据选择

(一)证据检索

1.内部检索

在目前矫正项目数据库尚未建立的情况下,我们必须充分发挥已有监管教育经验的作用。所以,首先在监狱现有的教育个案中寻找证据,因为现有的教育个案是历年优秀管教民警经验的结晶，是传统智慧的沉淀。我们的做法是调取存档的所有个别教育、顽危转化案例，寻找解决样本问题的证据。其次是在监狱范围内征集经验，抛出样本存在问题，要求所有管教民警回答在遇到此类问题时的教育办法。以此群策群力，寻找解决样本问题证据。

2. 数据库检索

发挥互联网数据库的作用，在现有可查阅的范围内对国内外数据库内的期刊、学术专著、文献进行检索，根据矫正对象的问题与矫正目标：诸如认知行为、社会交往技能、情绪控制、劳动技能、家庭矫正、犯罪控制等来进行检查。

（二）证据确立

1. 证据筛选

对浩繁的已有的证据进行粗略的梳理分拣，把其中所有大体相近、具有一定启发意义和借鉴意义的证据挑选出来，作为有用的初选证据，而把其他关联性不大的证据排除。

2. 证据分类

按照考察初选证据依据的对象与当前需要矫正的样本的问题相似性进行分类，如基本情况、性格、动机、缺陷、学习方式等。考察证据的适应性，把初选证据进行归类。证据考察必须坚持问题导向，根据相似性高低、适用性强弱选择最佳证据。

3. 证据评估

编制《证据评估表》，采取积分制，对优选证据进行定级评估。对证据进行分类，将采用随机组对照实验以及通过系统评价和元分析研究获得的证据定位为一级证据；将采用单个大样本的随机对照研究或非随机的对照研究及无对照研究或观察性研究获得的证据定位为二级证据；将专家组意见证据定位为三级证据；将案例经验、管教民警经验获得的证据定位为四级证据。本过程由督导组根据样本契合度、问题契合度和现有资源契合度进行证据评估，利用统计学方法，建立与问题模型相对应的证据模型。

四、矫正方案制订

（一）目标设定

根据对矫正对象问题的归纳总结、矫正证据的分析聚焦，确定矫正对象问题的总体矫正目标。

（二）目标分解

1. 长期目标

即矫正方案所要达到的最终目标，如消除或降低再犯风险（在囚风险），或提高发展能力、提高自控能力,妥善处理人际关系等。这一过程中注意问题的突出性、核心性和可操作性。

2.中期目标

一般不超过一年,不少于 6 个月,即根据总体目标和矫正对象的不同情况,将总体目标分解为阶段,提出具体的、递进性的各阶段目标。

3.短期目标

即将阶段性目标细化分解为以月为单位的短期目标。通过短期矫正项目课程设置实现阶段目标。

(三)课程设置

将阶段目标通过分解,设置成课程形式,安排好次序,有计划地实施集体矫正活动。矫正方案课程主要采取:认知—行为矫正、书画艺术矫正与个别化课程矫正。

1.认知—行为矫正课程

主要是鉴于监禁条件下的资源利用和 ABC 理论,即外在的刺激不是导致行为,而是通过作用于个体认知,由认知指导行为。在认知—行为矫正中,应用三栏记录表识别不当认知,并通过检验假设、检查证据用五栏记录表搜集替代思维,通过不合理信息辩论、团体性参与游戏、个别化指导、家庭作业等形式,进行认知重建。同时,通过行为治疗,不断地重复和日益复杂的练习,进行社会行为练习,有效改变反社会的思维模式,重建思维方式和解决问题能力。

2.书画艺术矫正课程

通过书法或绘画的创作过程,利用非言语工具,将潜意识内压抑的情感与冲突问题进行暴露,并且在书法绘画的过程中获得舒解与满足,从而达到矫正的良好效果。

3.个别化课程

对个体个别化问题进行个性课程设计。即在前期分析基础上所掌握的个别化问题和在矫正过程中暴露的个别化问题,结合个体特质,制订相应的矫正措施,并根据风险因子的改变,调整与修改矫正方案,满足既定目标。

(四)契约建立

1.动机评估

通过动机评估量表对矫正对象参与矫正的动机进行评估。同时,通过真诚交流、共情、适度宣泄,获得矫正对象信赖,强化内在动机,提升矫正对象矫正动机水平。

2.全程参与

根据风险—需要—响应原则,将矫正对象存在的问题、矫正项目和矫正方案向矫正对象公开反馈。同时，告知方案实施将带来的变化，以提高矫正对象改变的动力，充分尊重矫正对象参与矫正的知情性，充分发挥矫正对象参与矫正的积极性。

3. 契约签订

在告知和获得矫正对象支持的前提下，要求矫正对象和矫正实践者共同签订矫正契约书，严格规范矫正项目和矫正时间、地点、参与者等，明确双方的权利、义务等。

（五）方案评估

由督导组根据循证矫正方案评估要求，对矫正方案中的目标制订、目标分解、课程设置、契约建立等部分进行信度、效度、可行性、操作性评估，并依据评估结论，提出方案修正意见，进行方案修正。

五、矫正实施

（一）强化激励

鉴于已有的研究表明：对于矫正对象积极行为给予奖励，收到的效果四倍于因矫正对象消极行为而实施处罚的效果，故在方案实施过程中，不鼓励采取负强化和惩罚的方式推进方案进行。在矫正项目实施过程中，制订矫正对象激励计划，依据矫正对象项目完成情况进行相应的监禁条件下的处遇调整和激励措施，但要避免矫正对象仅为处遇调整和激励而进行矫正。

（二）过程考核与风险控制

由督导组实施，考核项目实施过程中出现的风险、变故、实际矫正进度、矫正频度、矫正对象参与度的变化、实践组项目操作情况等，填写过程考核表，科学评估方案实施情况和阶段性目标完成情况，适时、适度修正矫正项目，进行风险控制。

六、矫正效果评估

（一）定量评估

实验组对照组前测后测评估。

采用统计分析方法，分别对实验组和对照组的矫正问题进行实验组的前后测检验、对照组的前后测检验，依此评估矫正项目的有效性。

（二）定性评估

将实验组和对照组分别投入实验前的监禁状态，在实验前监禁状态下评估实验组成员在遇到相似问题时的解决方式、人际交往改善情况、不良认知改善情况，以月为期限，评估不少于四次，主要由专家组成员进行一月一评估，以此评估矫正方案在监禁状态下的有效性。

（三）最终评估

长期评估主要是评估实验对象在非监禁状态下矫正项目对矫正对象效果持续性。主要采取社会对接的方式，将矫正对象移交居住地司法机关，便于司法机关及时了解矫正对象在监禁状态下接受的矫正状况，潜在危险性，并畅通与当地司法机关和实验组对象的联系通道，由专家组成员负责与当地司法机关和实验组矫正成员联系，以年为期限，评估不少于五次，要求每年评估实验对象年度认知、行为、交往等矫正问题的愈合程度，以评判矫正工作的有效性，最终达到既减少在囚风险又降低再犯风险的目标。

七、数据库建设

在一组矫正完全结束后，召开会诊会，由各参与者总结各方面经验教训，探索分享实践资料，对矫正项目进行整理、修订、完善，形成文字案例集并移交数据库，完善循证矫正专家库、案例库和证据库建设。

第三章　风险评估与矫正需求分析

本章第一节主要介绍风险评估的价值,风险评估、犯因性需求与矫正需要及其关系,风险评估工具的代际划分和风险评估表的研制过程;第二节介绍影响再犯风险和在囚风险的相关因素;第三节呈现了在这些基本原理和方法的指导下,研究浙江区域再犯风险评估量表制订过程、结果和应用情况。

第一节　风险评估的基本问题

一、风险评估的价值

在国家刑事政策由"严打"转向"宽严相济"进程中,转向效应在判决和刑罚执行阶段体现得最为集中和突出:既关系到刑种的选择、量刑的轻重,也关系到刑罚执行方式的取向。将犯罪人投向何处以及采用何种教育矫正手段,既取决于已然的犯罪事实,又受制于未然的再犯风险。罪犯的去向既关涉到犯罪人的利益,也牵扯到被害人的情感和一般公众的正义感和安全感。同时,反映了国家关于犯罪、罪犯和刑罚的基本观念和治理策略。刑罚中反映了国家、公众、犯罪人和被害人之间的复杂关系,刑罚的目的在于以报应实现正义,以改造或教育追求功利(预防)。随着政府职能由管理向服务的转型,刑罚的立场不再只是国家主义立场下维护统治秩序的工具,而是处理国家、社会、犯罪人和被害人关系的手段。因此,刑罚的设定、变更和执行中,就有了更多的权衡和博弈。随着"宽严相济"刑事政策的推行和刑事科学主义的扩张,刑罚自身有了更多的维度和选择,国家和社会对刑罚的适用有了更强的"科学"和"效率"要求。刑罚的目的究竟应当侧重于报应还是功利,已经不是仅靠形而上学的思辨所能完全解答,讨论所依凭的标准也不再只是"正义"、"安全"、"全体的福祉"等抽象价值。这些关系是否已经处理得当,刑罚的追求在多大程度上得到了实现,刑罚所涉及的种种关系和利益是否达到平衡,正义或功利的目的是否实现,在很大程度上取决于这样一个基本事实：罪犯在服刑期间和刑释者回归社会后是否再犯罪①。服刑人员在刑罚执行期间再犯罪是一个最尖锐的问题——是对刑种选择、量刑轻重和执行方式的严重否定，因此，评估和控制服刑人员再犯风险是至关重要的，是保护公众安全、维护国家权威、推进司法改革的根本路径。但评估和控制本身又是最不确定、最困难的，因为，再犯风险是一种未然的可能状态，其评估不仅依赖于客观外显的犯罪事实，也取决于主观内在的人身危险。所以，判定风险就成为控制服刑人员再犯的首要和核心问题。

自 20 世纪 70 年代以来，矫正运动经历了三个阶段：从"矫正无效"（nothing works）到"什么有效"（what works）再到"如何使有效"（how to make effective）。1974 年马丁森发文指出"矫正无效"（nothing works），使刑事司法界对教育矫正陷入普遍的悲观绝望之中，但后续研究证实，并不是所有矫正项目都是"无效的"，有的项目是比较有效，甚至是非常有效的。有研究者开始关注"什么有效"（what works）问题，即发现和揭示那些能够对抑制重新犯罪起到积极作用的原则和方法。当学者发现了越来越多的有效的矫正项目之后，政府和公众对矫正的信心得到了有限的恢复，一些更为乐观、积极的人士开始设想"如何使矫正有效"。基于经验材料的理论研究表明，有效矫正必须遵循以下 3 个原则：风险原则（risk）、需求原则

① 福柯在《规训与惩罚：监狱的诞生》中把监狱制度称为"彻底而严厉的制度"，它通过控制肉体而驯服精神。监狱（prison/jail）看上去是这样一个场所：它是一座有明显警戒标志（如高墙、铁网、警卫）的与四周环境相隔绝的建筑，它把一群经由法律程序筛选的人的身体限制在一个狭小的空间里。这个空间里的人的时间是被严格、周密安排的。被安置于此处的人，他的身体何时应该在何地从事何种活动或做何种动作都是有章可循和被事先规划的。被强制进入这一场所的人，法律上的身份叫作"罪犯"。他们因为法律认定的"事实"和"证据"，被法官判决为侵害了国家、社会或个人的法益，并应当为此负责。除了普通刑事犯（common criminals）以外，还包括政治犯（political prisoners），良知拒绝者或伦理犯（prisoners of conscience）和国家公敌（enemies of the state）。进入监狱，就意味着行动自由的剥夺以及与这种自由相关的各种权利的丧失和受限。现代意义上的监狱的意图不只是关押、体罚、劳役，更重要的目的在于，在限制罪犯身体的同时，还宣称要改造罪犯的灵魂。也就是说，刑罚的目的不只是报应，还在于改造和教育；监狱不只是正义最终实现的地方，它还有更高的道德追求：救赎。

福柯认为，监狱的运作机制在于："分配人员，固定他们的空间位置，对他们进行分类，最大限度地从他们身上榨取时间和力量，训练他们的肉体，把他们的连续动作编入法典，维持他们的彻底可见状态，在他们周围形成一种观察和记录机器，建立一套关于他们的知识并不断积累和集中这种知识。"无论是 19 世纪以前充斥着体罚和暴力的旧监狱，还是今天主张职业训练和心理咨询的新监狱（我们国家称之为"现代化文明监狱"），都具备福柯指出的监狱的几个根本要素：法典，权力，分类，时间管理，空间限制，规定动作，可见状态，观察记录，知识（实为权力的一种）。监狱设置这一系列程序的目的在于：对给社会造成恶害的犯罪者予以惩罚，将危险者隔离在社会公众之外，把"敌人"（罪犯的政治学称谓）、"恶人"（罪犯的伦理道德学称谓）和"病人"（罪犯的心理学、精神病学称谓）改造成"拥护……的公民"、"好人"和"健康（正常）的人"。除了这些学科（规训体系）自己的标准之外，监狱的夙愿与功能是否实现，最终要看出狱人的表现：是否重新犯罪。因此，研究重新犯罪对认识监狱社会的结构、运作机制、功能及其有效性，不失为一种可欲的重要路径。

(needs)和响应原则(responsivity)。风险原则声称犯罪行为是完全可以被预测的，而且干预应该针对高风险罪犯。需求原则强调在干预设计和应用中，犯罪需求的重要性。响应原则描述了该干预应当如何被提供。这就是 20 世纪 80 年代得到发展、90 年代逐渐理论化的风险需求响应模式(简称 RNR 模式)。RNR 原则也可以这样理解：风险原则：标出罪犯再犯风险的风险等级；需求原则：评估犯罪需求，并把它们作为治疗的目标；响应原则：通过提供认知行为治疗和根据罪犯的学习类型、动机能力和自身优势来设计最有针对性的干预项目。

　　一方面，监狱需要提高监管控制力和罪犯教育矫正质量以降低在囚风险和重新犯罪率。另一方面，关押一个犯人耗资巨大。因此，提高假释率和缓刑率是减少行刑成本、节约社会资源的基本途径之一，这就需要以科学的方法提高假释、缓刑适用的适当性。因此，无论是监狱提高教育矫正质量，还是监狱加大提请减刑、假释力度，都需要对罪犯的再犯可能性作出科学的评估与判定。简言之，研发科学的风险评估量表是监狱工作科学化的前提。

二、风险评估、犯因性需求与矫正需要及其关系

　　风险评估(risk assessment)是根据服刑人员生活史、犯罪史、个性特征、目前身处的环境和现实表现等因素客观确定犯罪人再犯罪(自杀、脱逃、狱内暴力)可能性大小的一种预判工作。风险评估可以分为再犯风险评估和在囚风险评估，在囚风险一般包括自杀风险、脱逃风险和狱内暴力风险。

　　犯因性(criminogenic)一般是指"犯罪原因性的"、"具有犯罪原因性质的"、"起犯罪原因作用的"[1]。犯因性需求(criminogenic needs)指与犯罪人犯罪相关的可改变的因素[2]。犯因性需求因素除不涉及历史因素，如犯罪史之外，其他绝大部分因素与再犯风险因素都是重合的。

　　矫正需要(Needs)指根据犯因性需求设计和选择矫正项目。矫正需要评估与犯罪(再犯)风险评估既有联系又有区别。联系在于：(1)评估指标都与重新犯罪相关；(2)都是量化的指标体系。区别在于：(1)矫正需要评估不涉及过去生活史；(2)矫正需要评估有时涉及有利的因素；(3)矫正需要评估致力于改变和干预。更深层次的区别在于：犯罪风险评估是一种国家立场，致力于犯罪的控制；而矫正需要评估则是犯罪人立场，关注需求、帮助和改变。

---

　　[1]　师索：《犯罪与风险——风险社会视野下的犯罪治理》。参见：http://www.criminallawbnu.cn/criminal/Info/showpage.asp? pkID=37157，2014 年 12 月 16 日最后访问。

　　[2]　http://www.drc.state.oh.us/web/ipp_criminogenic.htm，转引自翟中东：《国际视域下的重新犯罪防治政策》，北京大学出版社 2010 年版，第 240 页。

三、风险评估工具的代际划分

西方犯罪风险评估工具经历了四代。

第一代：专家判定（professional judgement）。20世纪上半叶的大部分时间里，罪犯风险评估是由矫正机构的工作人员（也即缓刑官和监狱工作人员）以及临床专家（也就是心理学家、精神病专家和社会工作者）把握的。工作人员根据自身的专业训练和经验，做出哪些人需要强化安全和监督的判断。

第二代：循证工具（evidence-based tools）。从1970年开始，越来越多的人意识到风险评估需要更加精确，需要实证基础的科学和相对少的专家判断。精算风险评估工具考虑到那些被证实过会增加再犯罪风险的个体因素（例如药物滥用），并且赋予这些因素一定的权重。例如一个风险因素如果存在得1分，不存在得0分，那么这些项目的分数就可以加总——分数越高，罪犯再犯的风险越大。这一时期，得以发展的一些关于精算风险评估标准的著名例子是美国显著因素分数的发展（Hoffman & Beck，1974）以及加拿大矫正服务局的再犯量表统计信息的发展（Nuffield，1982）。这些风险评估工具在今天仍然在被使用，一些新的工具也在逐渐发展（Copas & Marshall，1998）。不久之后，人们就发现精算风险评估工具在犯罪行为预测方面的确比专家判定要好用。在预测人类行为上，有关研究反复地表明精算工具表现得比临床或专业判断要好（White，Spengler et al.，2006；Andrews，Bonta & Wormith，2006；GroveZald，Lebow，Snitz Nelson，2000）。精算预测的优越性延伸到了像精神病罪犯和性犯罪罪犯的各种犯罪群体。由于精算风险评估的明显优势，越来越多的矫正机构采用这种评估类型来对罪犯分类及有针对性地实施分别监管。在1970年到1980年间出现了邦塔（1996）所说的从第一代（专家判定）过渡到第二代（精算风险评估）。第二代精算风险评估工具就取得了令人满意的成就：它们可以可靠地区分低风险犯罪者和高风险犯罪者。然而第二代精算工具有两个主要缺陷：首先，第二代风险评估工具是非理论性的。组成评估工具的因素被选取的原因仅仅是因为它比较容易取得以及与再犯罪存在一定关联。而理论相关的因素则不会被选上。因此，大部分因素是关于犯罪历史的——这些都是矫正系统能非常有效和容易获取的信息。第二个缺陷是犯罪史和作为过去行为的其他因素被当作静态的不可变的风险因素。这就产生了第二代风险评估的一个重大弊端，即这个标准并不把使罪犯变好作为诉求。相反地，会出现以下可能性：(1)个体风险等级不发生变化（如果一个人在药物滥用史上的得分显示积极，不管他/她有没有开始戒，那个风险因素会一直存在）；(2)个体风险增加（例如，新犯罪实施以及犯罪记录得分增加）。降低风险数几乎是不可能的（为了更合理，一些第二代工具确实存在能减少风险的项目内容,然而在风险标准中这些因素只占了很小的一部分)。

第三代:循证和动态评估(evidence-based and dynamic)。认识到第二代风险评估的局限性,包含动态风险因素的评估工具的研究在 20 世纪 70 年代晚期和 80 年代早期开始发展(Bonta & Wormith,2007)。在第三代中,犯罪史因素依然是重要的组成部分。然而,除了关于犯罪历史和其他静态项目,如过去的药物滥用,还存在研究罪犯现在和以往变化情况的动态内容。问题都是有关现在职业(毕竟,他可能丢失工作或换工作)、同伙(他可能交新朋友和失去老朋友)、家庭关系(支持与否)等。第三代的风险工具都涉及"风险需求"工具,并且这些很多都是有理论依据的(如,服务水平量表修订版;Andrews & Bonta,1995)。第三代风险工具对于罪犯的环境变化非常敏感,并且为矫正工作者提供在罪犯干预中何种需求需要被注意的信息。现在有证据证明这些风险需求工具上分数的变化与再犯率变化有关(Andrews & Robinson,1984;Arnold,2007;Moti-uk,Bonta & Andrews,1990;Raynor,2007;Raynor,Kynch,Roberts & Merrington,2000)。动态有效性的证据是单独的风险分数变化会改变犯新罪的可能,这对于矫正项目和把握犯罪风险的工作者来讲非常重要。第三代风险需求工具给监督项目的有效与否提供了一个重要的监督途径。此外,因为动态风险因素(例如物质滥用、就业、同伴)被植入到第三代工具中,所以矫正职员可以被引导朝这些动态风险因素进行干预。这些动态风险因素的成功应用,可以帮助罪犯降低这些方面的风险(Bonta,2002)。

第四代:系统和综合评估(systematic and comprehensive evaluation)。为了使罪犯风险标准发展得更完善,最近几年里,第四代罪犯风险评估工具进入人们视野。这些新的风险评估工具综合了系统性的干预,并以在此之前不存在的一些个体因素和更宽范围的罪犯风险因素的评估来进行检视(Andrews,Bonta & Wormith,2006)。第四代风险评估工具的一个例子是服务水平量表/个案管理指南(LS/CMI;Andrews,Bonta & Wormith,2004)。

四、风险评估工具的研制过程

制作风险评估工具有两个前提:(1)要知道哪些因素会影响再犯(在囚)风险,即影响因子。影响再犯(在囚)风险因素在确定之前先要假设性地提出,凡有可能者皆须列示,以供检验和筛选。提出的方法少不了借鉴前人成果(如上面所做的工作),请教专家,走访调查,个案归纳,理论演绎等。(2)计算各因素及其不同属性对再犯(在囚)风险的影响程度如何,即因子的权重。如吸毒和前科对再犯(在囚)风险都有影响,那么,哪一个影响更大? 大多少程度? 而同样是自由刑,1 年以下刑期、3 年刑期、10 年刑期对再犯的影响程度有多大差异。这些差异必须要有一组统一和量化的标准来确定与表述。当确定了影响因素,就可以分配各因素的权重,计算出不同属性的分数。接下来的问题就是把这些赋予了不同分数和权重的因素组合成一张统一的表格,用于实际的预测。一般地,再犯(在囚)风险评估有五个步骤。

(一)建立实验组与对照组

实验组在在押犯预测中是有犯罪经历者,在再犯风险评估中是重新犯罪者;对照组在在押犯预测中是未有犯罪经历者,在再犯风险评估中是有犯罪经历但未重新犯罪者。两组样本的选取最好采用概率抽样,这样可以保证对总体的推论力。但实际上概率抽样往往很难办到,所以多利用大样本以减少误差,如伯杰斯(Burgess)在1928年"伊利诺之不定期刑及假释制度"的研究中选取的样本量为3000名犯罪者。

(二)收集预测资料

利用访谈或问卷方法收集调查对象的犯罪经历、家庭生活、教育过程、职业生涯、社会活动、刑罚处遇及其个人的基本信息(如性别、年龄、性格、精神状态等)等可能与再犯有关的因素。资料的准确性是决定预测成败的重要因素。

(三)选择预测因子

根据资料的性质(如变量的层次、是否为概率抽样数据、是否呈正态分布、是否为线性关系)选择相应的检验方法,如Pearson(积距)相关、Spearman(等级)相关、点二列相关或χ^2(卡方)检验。在一定的显著性水平(至少应大于0.05)下确定与犯罪相关程度较高的因子。为预测方便计算,因子的数量不宜过多,一般在5~10个,可以用提高显著性水平(可使其达到0.01或0.001)的方法减少因子数量。

(四)预测因子赋值

根据所选因子与犯罪相关程度的强弱而给予适当点数。赋值有两种方法:A式计分和B式计分。A式计分用0~100的角分数计量,B式计分用0、1、2等数计量。

(五)编制预测表

就每一个调查对象计算其预测因子所得总点数,再将全体总点数排序并划分为若干等级,算出每一等级对应的实验组成员占该等级成员总数的比例。

第二节 影响再犯与在囚风险的因素

一、影响再犯风险的因素

世界各国的犯罪学家对再犯风险评估做过很多有益的探索,尽管存在地域的差异、文化传统的不同和现实制度的区别,但仍揭示出共同的影响再犯的因素。我们对一些著名的再犯风险评估研究的结果归纳如表 3-1 所示。

表 3-1　世界各国著名再犯风险评估研究检选出的预测再犯罪的因子①

序号	伯杰斯	格鲁克夫妇	希德	欧林	台大法律所	张甘妹
1	犯罪性质,共犯人数	勤劳习惯	遗传负因,先系之犯罪	罪名	犯罪类型	犯罪者类型
2	国籍	犯罪重度与次数	不良的教育关系,不良的学业成绩,学业半途而废	判决刑期	判决刑期	判决刑期
3	双亲状态,婚姻状况	本犯以前检举	不规则的上班	犯罪人类型	初犯年龄	受刑经验
4	犯罪类型,社会类型	收容前受刑经验	18 岁前犯罪	家庭状态	婚姻状况	初犯年龄
5	犯罪行为	判决前经济责任	4 次以上前科,特别迅速的累犯性	家属的关心	犯罪时职业	配偶状况
6	居住社会大小,近邻类型,被捕时有无固定住所	入狱时精神异常性	涉及其他地区的犯罪	社会类型	勤劳习惯	文身状况
7	宽大处理与供述	在监中违反规则频度	性格异常	职业经历	不良交友关系	
8	收容有无经过小犯罪答辩	假释期间的犯罪	饮酒嗜癖	出狱后工作的适当性	家庭经济责任	
9	宣告刑性质与长度,假释前实际所服刑期		狱中一般行为状况不良	居住社区		
10	以前犯罪记录,以前职业记录,机构内惩罚记录		36 岁前释放	共犯人数		
11	释放时年龄,智能年龄		释放后不良的社会关系	人格		
12	性格类型及精神医学的诊断			精神疾病预后		

───────────

① 本表根据张甘妹教授、许春日教授、黄兴瑞教授、马傅镇教授的研究编写。参见张甘妹:《犯罪学原论》,台湾汉林出版社 1985 年版;许春日:《犯罪学》,台湾三民书局 1996 年版;黄兴瑞:《人身危险性评估与控制》,群众出版社 2004 年版;马傅镇:《再犯预测》,《犯罪学与刑事政策》2000 年第 3 期。

上列因子可以分为:(1)犯罪前的基本状况;(2)犯罪行为;(3)服刑状况;(4)释放后状况①。总体而言,共识程度高的因子更具预测力。对表 3-1 所列因子,我们做频数统计,结果如表 3-2 所示。

表 3-2　预测因子的排序

预测因子	因子出现次数	百分比
1.犯罪经历(犯罪累积次数、释放到重新犯罪的时间等)	6	100%
2.受刑经历(次数、刑种、刑期等)	6	100%
3.家庭结构与联系(父母、配偶等)	5	83%
4.职业经历(种类、连续性等)	4	67%
5.初犯年龄	3	50%

由表 3-2 可见,这些因子都是个体因素,而没有涉及环境变量。因此,严格地说,这些预测只能叫作再犯人身危险性评估而不能叫作再犯可能性评估。下面再列举几项国外学者的整合分析结果。

根据 Andrews 和 Bonta(1994 年)对 1992 年之前 Gendreau 等数百项研究的整合分析(meta-analysis)②结果,下列因素和犯罪关系密切③,见表 3-3 和表 3-4。

表 3-3　Andrews 和 Bonta(1994 年)的再分析

因　素	r 均值	研究数
下层社会出身	0.06	87
个人困境/心理(不)健康状况	0.08	226
个人教育/职业成就	0.12	129
父母/家庭因素	0.18	334
脾气/个性不端	0.21	621
反社会态度/结交	0.22	168

---

①　毫无疑问,释放后状况如婚姻、就业等对是否再犯有重大影响,但如果把释放后状况作为预测因子是不恰当的。从理论层面讲,预测是根据因果模型由已知推断未知,其数学表达为:$f(x) \rightarrow y$,而释放后状况在释放时皆为未知,这就是说,在用未知预测未知,显然是谬误的;从实践层面讲,做缓刑或假释预测时释放后的状况尚不知道,这就使实际的预测难以操作。

②　整合分析(meta-analysis)是对同一主题下多个独立实验结果进行综合的统计学方法分析。非参数检验整合分析——重复取样检验(resampling test)不考虑原文献数据的分布形式,故可在不知原文献数据分布形式时使用。

③　Edward J L. The Classification and Assessment of Offenders:The Engine that Drives Effective Correctional Practices and Interventions,《社区矫正国际研讨会》论文集,大连,2005 年 7 月,第 81 页。

表 3-4　Simourd(1993 年)的整合分析①

因　素	校正的 r 值	研究数
下层社会出身	0.05	38
个人困境/心理(不)健康状况	0.07	34
家庭结构/父母问题	0.07	28
未成年时的个性变量	0.12	18
父母与孩子的关系处理不当	0.20	82
个人教育/职业成就	0.28	68
脾气/个性不端/自我控制	0.38	90
反社会态度/结交	0.48	106

Andrews 和 Bonta(1998 年)的研究包括以下内容②：

(1)反社会的/亲犯罪(procriminal)的态度,价值观,信仰和认知情感状态;

(2)亲犯罪结交和疏远抵制犯罪者;

(3)引起犯罪的脾气和个性因素;

(4)心理不健康;

(5)松散脆弱的社会联系;

(6)冲动;

(7)躁动/好斗;

(8)自我中心;

(9)低于平均水平的语言能力;

(10)好冒险;

(11)缺乏问题解决/自我约束技能;

(12)反社会行为经历;

(13)从年轻时就很明显;

(14)在各种环境中都有;

(15)有大量的各不相同的种种行为;

(16)家庭因素包括与家族出身有关的犯罪行为和种种心理程式(psycho-

---

① Edward J L. The Classification and Assessment of Offenders: The Engine that Drives Effective Correctional Practices and Interventions,《社区矫正国际研讨会》论文集,大连,2005 年 7 月,第 82 页。

② Edward J L. The Classification and Assessment of Offenders: The Engine that Drives Effective Correctional Practices and Interventions,《社区矫正国际研讨会》论文集,大连,2005 年 7 月,第 85 页。

logical programs）；

(17)低水平的情感、关怀和凝聚力；

(18)匮乏的父母监管和纪律训练；

(19)彻底地忽视和虐待；

(20)个人教育、职业、经济成就低下。

Andrews 和 Bonta(1997 年)根据整合分析的结果，结合自己的研究，总结出以下七项主要风险/需求因素[1]，如表 3-5 所示。

表 3-5　七项主要风险/需求因素

主要风险/需求因素	各项指标	干预目的
反社会个性模式	冲动的，爱冒险地找乐子，持续性的好斗，易怒的	建立自我管理技巧，教授恼怒管理能力
亲犯罪态度	犯罪合理化，对法律的逆反态度	转移至亲社会的合理化态度，建立亲社会认同感
犯罪的社会支持因素	犯罪同伙，受亲社会人员孤立	用亲社会朋友替代亲犯罪朋友
物质滥用	酗酒/药物滥用	减少物质滥用，增强其他替代物使用
家庭/婚姻关系	不合理的家庭监管和家庭教养，家庭关系脆弱	教授养育技巧，增加温暖和关爱
学校/工作	表现差，满意度低	提高学习/工作能力，在学校/工作中培养人际关系
亲社会娱乐活动	缺少亲社会休闲娱乐活动	鼓励加入亲社会娱乐活动，教授亲社会兴趣和体育活动

在囚风险评估中，有的国家(地区)只用了少数涉及犯罪、服刑和行为的几项指标，如特拉华州(Delaware)监狱的危险评估标准[2]，如表 3-6 所示。

---

[1]　Andrews，Bonta & Wormith. Risk-need-responsivity Model for Offender Assessment and Reha-bilitation. http://www. publicsafety. gc. ca/res/cor/rep/risk_need_200706-eng. aspx，1997.

[2]　Delaware Bureau of Prisons. Smyrna：State of Delaware Department of Corrections，Bureau of Adult Corrections，1992：6-16. 转引自翟中东：《国际视域下的重新犯罪防治政策》，北京大学出版社 2010 年版，第 152—153 页。

表 3-6　特拉华州(Delaware)监狱的危险评估标准

最高安全监狱的危险评估标准

脱逃危险:

过去 3 年内带着武器从高度警戒或者中度警戒监狱脱逃过,或者参与伤害他人行为;

过去 1 年内带着武器从最低或者社区安全监狱脱逃过,或者参与伤害他人行为;

过去 1 年内没有带着武器从高度警戒或者中度警戒监狱脱逃或者试图脱逃,没有参与伤害他人行为。

暴力危险:

入狱时的分类,有社区暴力记录的;

在过去 3 年内有暴力记录的;

在过去 1 年实施过 1 次以上一级以上违纪的;

在过去 6 个月实施过 8 次以下的二级违纪的;

具有高度的危险不可预测性。

中等安全监狱的危险评估标准

脱逃危险:

过去 1 年内没有带着武器从低度警戒监狱脱逃或者试图脱逃,没有参与伤害他人行为;

从最低安全等级监狱或者社区安全等级的监狱脱逃并招致 A 或者 B 级重罪的指控。

暴力危险:

在过去 1 年没有一级违纪的记录;

在过去的 6 个月有 4～6 次二级以上的违纪;

在过去 1 年没有危险或者不可以预测的危险记录。

最低安全监狱的危险评估标准

脱逃危险:

在过去 3 年内没有或者试图从较高安全设施脱逃;

在过去 1 年从社区安全级设施脱逃

在过去 6 个月潜逃或者违反规定被起诉。

暴力危险:

在过去 6 个月没有一级违纪的记录;

在过去 6 个月违规记录不超过 3 次。

二、影响在囚风险的相关因素

根据浙江警察职业学院循证研究中心研究者对浙江省监狱学院发生的 264 起狱内案件的统计分析和个案研究,发现影响在囚风险的相关因素。

(一)影响罪犯自杀的相关因素

影响罪犯自杀的相关因素如表 3-7 和表 3-8 所示。

表 3-7　罪犯自杀风险评估

序号	变量	属性	B 式得分
1	故意杀人罪	否	0
		是	5
2	自杀史	没有	0
		有 1 次	100（标准分）
		有 2 次以上	100（标准分）
3	限制减刑	否	0
		是	3
4	限制假释	否	0
		是	3
5	入监时间（短）	3 个月内	3
		3～6 个月	2
		6～12 个月	1
		12 个月以上	0
6	年龄（青壮年）	25 岁以下	1
		25～45 岁	3
		45 岁以上	0
7	文化程度	初中以上	0
		小学	1
		文盲/半文盲	2
8	被害人与犯罪人的关系	陌生人	0
		罪犯的熟人	1
		罪犯的朋友	2
		罪犯的亲戚	3
		罪犯的亲属	5
9	家庭成员中有人自杀过	否	0
		是	2
10	精神病史	没有	0
		有,已经治愈	2
		有,没有治愈	4
11	吸毒史	没有	0
		有,已经戒除	2
		有,没有戒除	4
12	有酗酒史	否	0
		是	2
13	受到处理	否	0
		是	2

续表

序号	变量	属性	B式得分
14	有余罪被发现	否	0
		是	5
15	遭受家庭变故	否	0
		是	3
16	长期完不成生产任务	否	0
		是	3
17	与其他罪犯发生了冲突	否	0
		是	3
18	与警官发生了冲突	否	0
		是	3
19	重大希望破灭	否	0
		是	3
20	有违规越轨行为被发现（如偷窃、同性恋等）	否	0
		是	3
21	受到其他罪犯的威胁	否	0
		是	3
22	有人（如在逃的同案犯）威胁其家人	否	0
		是	5
23	长期患病	否	0
		是	3
24	患了重病	否	0
		是	3
25	周围有其他罪犯自杀	否	0
		是	3
26	正在被关禁闭	否	0
		是	100（标准分）
27	被其他罪犯孤立	否	0
		是	5

备注：①分数区间：[0～94]。

②低自杀风险：[0,15]；较低自杀风险：(15,36]；中度自杀风险：(36,59)；较高自杀风险：[59,80)；高自杀风险：[80,94]。

表 3-8　罪犯自杀前征兆

序号	征兆
1	沉默不语或特别活跃
2	精神恍惚
3	对人对事反应冷淡
4	卧床不起或白天夜晚颠倒
5	不吃不喝
6	拒绝听从干警命令
7	故意不完成生产任务
8	多次提出某种要求
9	对其他罪犯有攻击言行
10	自伤自残
11	有关于生死的言论
12	公开表示对政府和干警的不满或气愤
13	暴力袭击干警
14	长时间给家人写信或看家人照片
15	把自己的东西寄回家里或送给其他罪犯
16	写遗嘱
17	产生被害或自杀妄想

备注:有以上症状者,可以提高风险级别。

(二)影响罪犯脱逃的相关因素

一般特征:(1)限制减刑;(2)限制假释;(3)入监时间短;(4)长刑期;(5)青壮年;(6)惯盗;(7)有脱逃史。

关键事件:(1)受到处理;(2)有余罪被发现;(3)遭受家庭变故;(4)长期完不成生产任务;(5)与其他罪犯发生了冲突;(6)与警官发生了冲突;(7)重大希望破灭(如减刑);(8)有违规越轨行为被发现(如偷窃、同性恋等);(9)受到其他罪犯的威胁;(10)有人(如在逃的同案犯)威胁其家人。

异常表现:(1)聚会密议;(2)准备工具;(3)藏匿现金;(4)私穿便服。

(三)影响罪犯狱内暴力行为的相关因素

一般特征:(1)性情粗暴;(2)懦弱无能;(3)心胸狭隘;(4)打架斗殴,或者不服从管理,严重扰乱监管秩序;(5)精神、行为异常,疑似精神病需要鉴定;(6)涉嫌恐怖犯罪、严重暴力犯罪;(7)涉黑涉恶犯罪团伙案件的首犯、主犯;(8)性格孤僻,拒绝与他人交流,或者与其他在押人员关系恶劣;(8)有严重毒瘾戒断综合征。

关键事件:(1)被告发;(2)被冒犯;(3)被欺凌。

异常表现:(1)拒绝听从干警命令;(2)对其他罪犯有攻击言行;(3)公开表示对政府和干警的不满或气愤;(4)产生被害妄想。

第三节　再犯风险评估的浙江区域研究

重新犯罪率被认定为衡量监狱工作成效的"首要标准"[①]。对刑释人员进行安置帮教是一项基本的社会政策；刑释人员重新监禁率逐年增长，刑释者成为系列恶性案件、大要案和有组织犯罪的主要肇事者[②]。如何科学可行地对刑释人员的再犯风险进行评估，并延伸至缓刑和假释适用中的审查前社会调查，以及正在社区服刑的社区矫正对象的再犯风险评定和管理级别确定是一项具有现实意义的重大课题。同时，再犯风险评估研究对反思刑罚和犯罪控制政策提供了一种路径，为研究范式转化中的中国犯罪学展示了新的可能。

在综合伯吉斯、格卢克夫妇、吉益修夫、欧林、张甘妹等学者对再犯风险评估经典研究的基础上，2003 年 11 月至 2004 年 5 月本研究小组采用判断抽样方法对浙江省 715 名在押犯（其中初犯 345 名，再犯 370 名）进行了问卷调查，并运用数理统计方法从 61 项社会因素中鉴别出与是否再犯相关的 36 个项目，从 16 项心理因素中鉴别出 5 个项目。再根据显著性、独立性和有效性检选出早年不良行为、不良行为模式、犯罪时职业、对被害人的态度、第一次被逮捕年龄、罪名、前科次数、刑期、服刑期间是否学到就业技能、释放前的管理级别、出狱时年龄、出狱时婚姻状况等 12 项因素作为预测因子、分别制成判刑前、入狱前、服刑中、释放前四种再犯风险评估表[③]。这是国内首次采用大样本、组群对照、问卷调查、统计分析方法研究并公开发表的犯罪预测方面的学术成果。在理论界和实务部门产生了一定影响[④]。但由于该研究固有的缺陷，预测表在效度检测中显示的"弃真"错误率超过 50％。其缺陷有三：(1)除以初犯代替未重犯者造成样本污染外（因初犯者出狱后部分可能会再犯），更严重的是初犯组和再犯组第一次犯罪时间区间有较大差距，不能排除环境效应[⑤]；(2)因初犯尚未出狱，无法收集出

[①]　孔一：《回归悖论——对"首要标准"的反思》，《第三届犯罪学高端论坛论文集》，天津社科院 2011年 4 月。

[②]　李玫瑾：《犯罪心理研究——在犯罪防控中的作用》，中国人民公安大学出版社 2010 年版，第 2—3 页，第 9 页。

[③]　黄兴瑞、孔一、曾赟：《再犯预测研究——对浙江罪犯再犯可能性的实证分析》，《犯罪与改造研究》2004 年第 8 期。

[④]　该研究报告分别获司法部犯罪预防研究所科研成果二等奖(2006 年)，中国监狱学会论文一等奖(2007 年)，回归社会学专业委员会再犯预测专题研讨会一等奖(2008 年)。

[⑤]　孔一：《再犯预测的基本概念辨析与选样方法评价》，《江苏警官学院学报》2005 年第 6 期；文姬：《再犯危险性评估方法及检验》，陈兴良主编：《刑事法评论》(第 25 卷)，北京大学出版社 2009 年版。

狱后对再犯有重大影响的家庭、就业、社会交往、社会遭遇等相关信息；(3)没有计算出不同相关因子对再犯的不同影响力，即没用赋予不同因子的不同权重。如酗酒和吸毒对再犯都有影响，但程度不同，而 2004 版的预测表中却给予了同样的权重系数①。

根据安德鲁斯(D. A. Andrews)和邦塔(J. Bonta)的研究(他们共同研制了应用广泛的著名风险评估工具——Level of Service Inventory-Revised)，犯罪风险评估工具经历了四代：临床判断(第一代，20 世纪 50 年代到 70 年代后期)、精算预测(第二代，20 世纪 70 年代后期到 80 年代早期)、静态风险与动态需求综合评估(第三代，20 世纪 90 年代)、风险评估与个案管理相结合(第四代，21 世纪)②。加拿大、美国、英国、澳大利亚等国家风险评估的"风险—需求—响应模式(risk-need-responsivity，RNR)"在 20 世纪 90 年代已经标准化③。并且，这些国家已制订并普遍采用了比较通用的预测工具，比如用于评估性犯罪风险的 Static-99，Risk Matrix 2000 (RM2000) 和 Rapid Risk of Sex Offender Recidivism (RRASOR)④，用于评估精神紊乱犯罪人风险的 Reactions on Display (RoD)⑤，用于评估暴力犯罪风险的 HCR⑥—20⑦。其现阶段研究的关注焦点是对通用预测工具的检测和修正③。尽管北京、上海、江苏、浙江等省市制定了本地区的再犯风险评估工具，并在一定范围内应用于司法实践之中⑧，但截至目前我们还没有形成共识度较高的再犯风险评估的基本假设、调查方法、分析技术，量表应用规程，已制定的预测工具的信度、效度也未见公开的检测报告⑨。

---

① 黄兴瑞、孔一、曾赟：《再犯预测研究——对浙江罪犯再犯可能性的实证分析》，《犯罪与改造研究》2004 年第 8 期。

② ［加］罗伯特·B. 科米尔：《犯罪风险评估：加拿大发展状况概述》//陈诚、王平主编：《加拿大风险评估》，加拿大刑法改革与刑事政策国际中心，2007 年。

③ Bonta J，Andrews D A. Risk-need-responsivity Model for Offender Assessment and Rehabilitation. Canada，2007.

④ Dan W，Anthony B，Helena F M，et al. Actuarial risk assessment and recidivism in a sample of UK intellectually disabled sexual offenders. Journal of Sexual Aggression，2009,15(1):97—106.

⑤ Linda W，Samuel E，Anna-Karin S，K et al. A pilot for a computer-based simulation system for risk estimation and treatment of mentally disordered，offenders. Informatics for Health & Social Care. 2009,34(2). 106—115.

⑥ H 指历史因素(historical factors)，C 指临床因素(clinical factors)，R 指风险管理因素(risk management factors)。

⑦ Kelly R，Helen L M. The effect of training on the quality of HCR—20 violence risk assessments in forensic secure services. The Journal of Forensic Psychiatry & Psychology. 2009,20(3):473—480.

⑧ 黄兴瑞：《人身危险性的评估与控制》，群众出版社 2004 年版；张新民主编：《社区矫正风险评估研究》，南京大学出版社 2009 年版；于爱荣：《矫正质量评估》，法律出版社 2008 年版。

⑨ 曾赟：《逐级年龄生平境遇犯罪理论的提出与证立》，《中国法学》2011 年第 3 期。

　　2008 年 3 月到 2010 年 9 月,本研究小组在中国监狱学会回归社会学专业委员会、司法部基层司、浙江省司法厅基层处和浙江省第二监狱、第四监狱、第六监狱、南湖监狱、金华监狱、乔司监狱、女监等单位的大力支持下,对浙江刑释人员再犯状况进行了再调查。

一、研究假设

　　本研究从问卷设计到调查方案制订,其背后都有一系列假设。这些假设可以分为两类:前提性(观念性)假设和具体工作(分析性)假设。前提性假设指设计问卷和实施调查的基本原则和根本思路,如主观心理能否通过自陈把握,环境变量是否适当和能够控制;具体工作假设指哪些因素可能和再犯相关,如吸毒是否和再犯有关。前者属于形而上的思辨范畴,可以争论,难以定论;后者能够通过标准化的方法加以检验。但前提性(观念性)假设很大程度上制约着具体工作(分析性)假设。

　　(一)前提性(观念性)假设

　　一个人犯罪的可能性与静态、横向的社会环境,自然环境,个体生理,心理和社会属性均有关系[1];与动态、纵向的环境变迁和个体生命历程也有关系[2];与即时的情景也不无关联。前两者说明犯罪是被决定的,后者说明犯罪的发生也有偶然性。犯罪风险评估在大多数的前提下追求确定性,因此,需要舍弃情景因素。环境因素宏观、复杂,从而无法把握,因此,需要排除环境因素。对本研究来说,通过选择处于同一时空的刑释者,从理论上排除了环境的影响。

　　与再犯可能性相关的个体因素有内部的观念、态度、心理和外部的行为和事件。内部的观念、态度、心理可以通过自陈、对"刺激—反应"的观察和专门的心理量表来测量。我们认为,这种状态内隐、主观,易受外部环境和测量情景影响,难以把握,今天对调查对象的测量结果并不能代表当时(如入狱之前)实际的心理状况。另外,内部的状态也是通过外部行为得以反映和表现的。因此,本研究主要侧重于测量与被访者有关的客观行为和事件[3]。

　　再犯与个体历史的经验、现时临床心理个性状况、现时(或将来)管理因素相

---

　　① Mike M , Rod M, Robert P. Oxford Handbook of Criminology. London: Oxford University Press,2007.

　　② Sampson, Robert J, John H L. Crime in the Making: Pathways and Turning Points through Life. Cambridge, MA: Harvard University Press,1993.

　　③ 张甘妹:《再犯预测研究》,法务通讯杂志社 1987 年版,第 130 页。

关联①。一种有效的再犯风险评估应当是在问卷调查、心理测量和现时环境的综合考量基础上制订,并经过实践检验不断做出修正。因此,风险等级的分数区间不能根据卷内分数分布加以确定,而需要根据相关理论模型先行划定,并根据实际试测结果进行校正。

(二)具体工作(分析性)假设

本研究的具体工作(分析性)假设主要来源于四个途径:(1)前人同类研究中认为与再犯相关的因素;(2)典型案例的启发;(3)与干警和罪犯座谈中得到的意见;(4)理论演绎。最后,我们假设与再犯相关的因素有:

(1)早年家庭、学校情况:家庭结构,父母关系,父亲居家情况,父亲的教育方式,母亲居家情况,母亲的教育方式,学习成绩,学校受罚情况;

(2)早年行为:抽烟,醉酒,吸毒,赌博,在网吧玩通宵,谈恋爱,说谎,打人,使用武器伤人,偷盗,逃票,买毒品,借钱物不还,强要别人东西,离家出走,逃学,转学,破坏公物,纵火,骗家长的钱;

(3)第一次犯罪情况:初犯年龄,文化程度,婚姻状况,居住情况,同住亲属的数量,与亲属关系,家庭经济,职业,就业情况,收支情况,犯罪类型,预谋情况,犯罪动机,犯罪后后悔情况,亲友违法,是否见过吸毒,是否遭遇不幸事件;

(4)犯罪前一年越轨情况:醉酒,吸毒,赌博,嫖娼,在网吧玩通宵,打人,使用武器伤人,偷盗,买毒品,借钱物不还,破坏公物,酒驾,诈骗,销赃,伪造或使用假票据;

(5)第一次被逮捕前情况:第一次被逮捕年龄,共犯情况,跨区域情况,作案起数,审讯期间警察殴打,看守所警察殴打,看守所犯人殴打,是否后悔;

(6)第一次受刑情况:罪名,主刑,附加刑,刑期,对判决的看法,是否后悔,服刑期间自杀次数,服刑期间脱逃次数,服刑期间犯罪次数,省改积次数,改积次数,记功次数,表扬次数,是否被减刑,减刑次数,减刑累计时间,通信,接见,汇款与包裹,扣分情况,严管次数,禁闭次数,加刑次数,严重违纪次数,一般违纪次数,技术证书数量,释放前管理级别,不幸事件;

(7)第一次出狱时情况:释放时的年龄,实际关押时间,出狱形式,出狱时是否后悔,文化程度,出狱时的婚姻状况;

(8)第一次出狱后情况:文化程度,婚姻状况,居住情况,同住亲属的数量,与亲属关系,家庭经济,职业,就业情况,收支情况,朋友构成,亲友违法,是否见过吸毒,遭遇不幸事件,估计犯罪率,估计处罚率,估计环境对犯罪的作用;

(9)出狱一年内越轨情况:醉酒,吸毒,赌博,嫖娼,在网吧玩通宵,打人,使用武器

---

① Bonta J. Offender Risk Assessment and Sentencing. Canadian Journal of Criminology and Criminal Justice，2007.

伤人,偷盗,买卖毒品,借钱物不还,破坏公物,酒驾,诈骗,销赃,伪造或使用假票据;

(10)其他:文身,开支无度,所受国家制裁的种类(收容审查,治安拘留,强制戒毒,劳动教养),和受处罚期间所受的不公正待遇(被警察或犯人殴打)。

二、研究方法

(一)调查对象

本研究中的实验组与对照组分别为 2005 年 1 月 1 日至 2005 年 12 月 31 日期间出狱的 5 年内重新犯罪的 313 名和未重新犯罪的 288 名浙江籍刑释人员。

(二)样本构成

重新犯罪的 313 名调查对象分别来自浙江省二监、四监、六监、南湖监狱、女监在押的全部于 2005 年 1 月 1 日至 2005 年 12 月 31 日期间出狱又再次入狱服刑的浙江籍罪犯(4 名罪犯因外出就医或其他特殊原因未作调查)和金华监狱、乔司监狱部分于 2005 年 1 月 1 日至 2005 年 12 月 31 日期间出狱又再次入狱服刑的浙江籍罪犯(占该两所监狱符合条件押犯的 55%);未重新犯罪的 288 名浙江籍刑释人员来自中国监狱学会回归社会学专业委员会和浙江省司法厅基层处追踪监测的杭州拱墅区、宁波鄞州区、绍兴绍兴县、舟山市等 18 个县市区于 2005 年 1 月 1 日至 2005 年 12 月 31 日期间回归的浙江籍刑释者。

(三)调查方式

再犯者的调查全部由研究小组成员黄兴瑞教授、孔一教授(六监、南湖监狱的曾赟博士参与了调查)亲自到监狱现场实施。基本程序是:先到狱政支队检索全部符合条件的罪犯名单,再由分监狱(监区)将符合条件的押犯集中到监狱教室或礼堂,再由研究小组成员现场发放问卷,集中填答,并现场解答被调查者的问题,最后对每一份答毕的问卷进行检查,发现错答、漏答的即时向填答者询问,再次补充;未再犯者由各司法所实施,每个司法所调查符合条件的对象中的10%,一般为 1~3 名。调查大多单独进行,调查结束后,研究小组成员对部分地区的调查对象进行了回访。

(四)问卷整理、录入与清理

问卷回收后由孔一教授统一整理、编号、编码,并由 5 名学生录入 SPSS17.0 统计软件系统。录入之后又重新与原始问卷进行了核对,并利用 SPSS17.0 进行了逻辑一致性清理。

(五)分析方法

利用 SPSS17.0 检验再犯组与未再犯组之间是否存有显著性差异。检验的方式为定类、定序变量进行卡方(χ^2)检验,对定距、定比变量进行平均数方差分析。本次研究设定 $P<0.05$ 作为显著性水平的临界值。其次,对 $P<0.05$ 的各因素,通过求 λ 或 τ 或 E^2 系数来分析其预测效力。最后,对拣选出的有效变量进行数据转化,并制订出结构化定量风险评估表。

三、调查结果

(一)基本情况

性别、出生年代、民族、宗教信仰等基本情况如表 3-9 所示。

表 3-9　基本情况

变量	属性	再犯组组内百分比(%) (有效样本数)	未犯组组内百分比(%) (有效样本数)
性别	男	96.3(284)	94.7(269)
	女	3.7(11)	5.3(15)
出生年代	20 世纪 40 年代	0.3(1)	2.2(6)
	20 世纪 50 年代	2.0(6)	15.7(43)
	20 世纪 60 年代	16.2(49)	22.6(62)
	20 世纪 70 年代	39.1(118)	32.9(90)
	20 世纪 80 年代	42.1(127)	26.6(73)
	20 世纪 90 年代	0.3(1)	0(0)
民族	汉族	99.0(302)	100.0(286)
	其他	1.0(3)	0.0(0)
宗教信仰	无宗教信仰	85.3(233)	86.0(203)
	佛教	13.9(38)	13.1(31)
	道教	0.4(1)	0(0)
	基督教	0.4(1)	0.9(2)

(二)早年(14 岁以前)家庭、学校情况

家庭结构、父母关系、父亲居家情况、父亲的教育方式、母亲居家情况、母亲的教育方式、弃学(毕业前)学习成绩、在校受罚情况如表 3-10 所示。

表 3-10　早年家庭因素的相关性检验

变量(λ 或 τ 或 E^2 系数,有效样本数 N)	变量(λ 或 τ 或 E^2 系数,有效样本数 N)
家庭结构(0.064,574)	父母关系***(0.329,553)
父亲居家情况(0.079,531)	父亲的教育方式**(0.173,512)
母亲居家情况(0.071,526)	母亲的教育方式*(0.145,500)
弃学(毕业前)学习成绩***(0.197,571)	在校受罚情况***(0.175,566)

注:① * $P<0.05$,** $P<0.01$,*** $P<0.001$;②λ 或 τ 或 E^2 为相关系数,具有消减误差比例(PRE)的意义,即知道 χ 的值来预测 y 的值时所消减的误差与总误差的比例。下同。

（三）早年（14岁以前）行为

抽烟、醉酒、吸毒、赌博、在网吧玩通宵、谈恋爱、说谎、打人、使用武器伤人、偷盗、逃票、买毒品、借钱物不还、强要别人东西、离家出走、逃学、转学、破坏公物、纵火、骗家长的钱等早年行为的调查分析如表3-11所示。

表3-11　早年行为因素相关性检验

变量（λ 或 τ 或 E^2 系数，有效样本数 N）	变量（λ 或 τ 或 E^2 系数，有效样本数 N）
抽烟***（0.268,569）	骗家长的钱***（0.364,560）
吸毒（0.104,546）	醉酒***（0.183,561）
在网吧玩通宵***（0.222,549）	赌博***（0.292,562）
说谎***（0.283,553）	谈恋爱***（0.177,546）
打人***（0.314,555）	使用武器伤人***（0.247,558）
偷盗***（0.250,558）	逃票***（0.245,559）
买毒品（0.083,554）	借钱物不还*（0.136,554）
强要别人东西***（0.182,556）	离家出走***（0.295,561）
逃学***（0.333,566）	转学***（0.187,551）
破坏公物***（0.220,552）	纵火**（0.161,550）

（四）第一次犯罪情况

初犯年龄、文化程度、婚姻状况、居住情况、同住亲属的数量、与亲属关系、家庭经济、职业、就业情况、收支情况、犯罪类型、预谋情况、犯罪动机、犯罪后的后悔情况、亲友违法、是否见过吸毒、遭遇不幸事件数量等第一次犯罪情况调查分析如表3-12所示。

表3-12　第一次犯罪情况相关性检验

变量（λ 或 τ 或 E^2 系数，有效样本数 N）	变量（λ 或 τ 或 E^2 系数，有效样本数 N）
初犯年龄***（0.300,511）	文化程度（0.099,584）
婚姻状况***（0.412,438）	居住情况***（0.220,570）
同住亲属的数量（0.000,551）	与亲属关系***（0.159,579）
家庭经济***（0.188,575）	职业***（0.279,578）
就业情况**（0.144,546）	收支情况（0.069,555）
犯罪类型***（0.243,563）	预谋情况（0.050,564）
犯罪动机***（0.239,552）	犯罪后的后悔情况***（0.208,574）
亲友违法***（0.269,575）	是否见过吸毒***（0.236,576）
遭遇不幸事件数量（0.001,454）	

（五）犯罪前一年越轨情况

醉酒、吸毒、赌博、嫖娼、在网吧玩通宵、打人、使用武器伤人、偷盗、买毒品、借钱物不还、破坏公物、酒驾、诈骗、销赃、伪造或使用假票据等犯罪前一年越轨情况调查分析如表 3-13 所示。

表 3-13　犯罪前一年越轨情况相关性检验

变量（λ 或 τ 或 E^2 系数，有效样本数 N）	变量（λ 或 τ 或 E^2 系数，有效样本数 N）
醉酒***（0.205,558）	吸毒**（0.147,547）
赌博***（0.317,560）	嫖娼***（.0327,546）
在网吧玩通宵***（0.204,543）	打人***（0.326,552）
使用武器伤人***（0.275,548）	偷盗***（0.238,545）
买毒品*（0.152,542）	借钱物不还**（0.156,547）
破坏公物***（0.220,552）	酒驾***（0.234,544）
诈骗***（0.183,543）	销赃***（0.202,550）
伪造或使用假票据*（0.136,544）	

（六）第一次被逮捕前情况

第一次被逮捕年龄、共犯情况、跨区域情况、作案起数、审讯期间被警察殴打、看守所警察殴打、看守所犯人殴打、是否后悔等第一次被逮捕前情况调查分析如表 3-14 所示。

表 3-14　每一次被逮捕前情况相关性检验

变量（λ 或 τ 或 E^2 系数，有效样本数 N）	变量（λ 或 τ 或 E^2 系数，有效样本数 N）
第一次被逮捕年龄***（0.327,514）	共犯情况***（0.238,517）
跨区域情况***（0.246,522）	作案起数***（0.034,544）
审讯期间被警察殴打***（0.417,565）	看守所警察殴打***（0.296,562）
看守所犯人殴打***（0.194,566）	是否后悔***（0.200,568）

（七）第一次受刑情况

罪名、主刑、附加刑、刑期、对判决的看法、是否后悔、服刑期间自杀次数、服刑期间脱逃次数、服刑期间犯罪次数、省改积次数、改积次数、记功次数、表扬次数、是否被减刑、减刑次数、减刑累计时间、通信、接见、汇款与包裹、扣分情况、严管次数、禁闭次数、加刑次数、严重违纪次数、一般违纪次数、技术证书数量、释放前管理级别、不幸事件的数量等情况调查分析如表 3-15 所示。

表 3-15　第一次受刑情况相关性检验

变量(λ 或 τ 或 E^2 系数,有效样本数 N)	变量(λ 或 τ 或 E^2 系数,有效样本数 N)
罪名***(0.205,558)	主刑**(0.147,547)
附加刑***(0.317,560)	刑期(0.002,435)
对判决的看法***(0.204,543)	是否后悔***(0.326,552)
服刑期间自杀次数***(0.275,548)	服刑期间脱逃次数***(0.238,545)
服刑期间犯罪次数*(0.152,542)	省改积次数(0.001,370)
改积次数(0.000,391)	记功次数(0.000,387)
表扬次数***(0.054,405)	是否被减刑***(0.152,528)
减刑次数(0.002,272)	减刑累计时间(0.015,254)
通信(0.035,561)	接见*(0.113,559)
汇款与包裹**(0.137,552)	扣分情况***(0.447,343)
严管次数**(0.018,556)	禁闭次数(0.003,555)
加刑次数*(0.010,550)	严重违纪次数***(0.028,425)
一般违纪次数(0.000,433)	技术证书数量(0.045,383)
释放前管理级别***(0.268,464)	不幸事件的数量(0.000,380)

（八）第一次出狱时情况

释放时的年龄、实际关押时间、出狱形式、出狱时是否后悔、文化程度、出狱时婚姻状况等第一次出狱时情况调查分析如表 3-16 所示。

表 3-16　第一次出狱时相关性检验

变量(λ 或 τ 或 E^2 系数,有效样本数 N)	变量(λ 或 τ 或 E^2 系数,有效样本数 N)
释放时的年龄***(0.243,470)	实际关押时间(0.006,505)
出狱形式***(0.303,531)	出狱时是否后悔***(0.213,549)
文化程度(0.093,550)	出狱时婚姻状况***(0.353,542)

（九）第一次出狱后情况

文化程度、婚姻状况、居住情况、同住亲属的数量、与亲属关系、家庭经济、职业、就业情况、收支情况、朋友构成、亲友违法、是否见过吸毒、不幸事件、估计犯罪率、估计处罚率、估计环境对犯罪的作用等第一次出狱后情况调查分析如表 3-17 所示。

表 3-17　第一次出狱后情况相关性检验

变量(λ 或 τ 或 E^2 系数,有效样本数 N)	变量(λ 或 τ 或 E^2 系数,有效样本数 N)
文化程度(0.093,552)	婚姻状况***(0.381,538)
居住情况***(0.271,537)	同住亲属的数量(0.004,529)
与亲属关系*(0.146,546)	家庭经济***(0.185,546)
职业***(0.334,541)	就业情况***(0.249,530)
收支情况**(0.166,418)	朋友构成***(0.350,442)
亲友违法***(0.449,548)	是否见过吸毒***(0.445,545)
不幸事件(0.003,407)	估计犯罪率***(0.053,427)
估计处罚率***(0.101,434)	估计环境对犯罪的作用(0.005,438)

（十）出狱一年内越轨情况

醉酒、吸毒、赌博、嫖娼、在网吧玩通宵、打人、使用武器伤人、偷盗、买毒品、借钱物不还、强行拿走别人东西、破坏公物、酒驾、诈骗、销赃、伪造或使用假票据等出狱一年内越轨情况调查分析如表 3-18 所示。

表 3-18 出狱一年内越轨情况相关性检验

变量（λ 或 τ 或 E^2 系数，有效样本数 N）	变量（λ 或 τ 或 E^2 系数，有效样本数 N）
醉酒***（0.272,535）	吸毒***（0.246,524）
赌博***（0.421,536）	嫖娼***（0.430,528）
在网吧玩通宵***（0.288,520）	打人***（0.335,531）
使用武器伤人***（0.317,530）	偷盗***（0.197,522）
买毒品（0.217,521）	借钱物不还*（0.178,523）
强行拿走别人东西***（0.190,524）	破坏公物***（0.187,521）
酒驾***（0.314,523）	诈骗***（0.197,524）
销赃***（0.242,523）	伪造或使用假票据（0.120,519）

（十一）其他因素

文身、开支无度、所受国家制裁的种类（收容审查、治安拘留、强制戒毒、劳动教养）和受处罚期间所受的不公正待遇（被警察或犯人殴打）等其他情况调查分析如表 3-19 所示。

表 3-19 其他因素相关性检验

变量（λ 或 τ 或 E^2 系数，有效样本数 N）	变量（λ 或 τ 或 E^2 系数，有效样本数 N）
文身***（0.253,466）	开支无度***（0.259,457）
收容审查次数***（0.326,401）	收容审查期间被警察殴打***（0.287,367）
收容审查期间被其他收容对象殴打*（0.174,367）	治安拘留次数（0.036,373）
治安拘留期间被警察殴打（0.120,331）	治安拘留期间被其他拘留对象殴打（0.040,328）
强制戒毒次数（0.005,547）	强制戒毒期间被警察殴打（0.078,221）
强制戒毒期间被其他戒毒人员殴打（0.058,216）	劳动教养次数（0.006,313）
劳动教养期间被警察殴打（0.119,247）	劳动教养期间被其他劳教对象殴打（0.121,241）
被法院判刑次数***（0.409,428）	服刑期间被警察殴打过**（0.191,423）
服刑期间被其他服刑人员殴打过（0.142,412）	

四、再犯风险因素分析

由表 3-10 可见，早年（14 岁以前）家庭、学校情况中与再犯有关的因素，按显著性和相关性排序，依次为：父母关系，弃学（毕业前）学习成绩，在校受罚情况，父亲的教育方式，母亲的教育方式。与家庭结构、父亲居家情况、母亲居家情况无关。

由表 3-11 可见，早年(14 岁以前)行为中与再犯有关的因素，按显著性和相关性排序，依次为：骗家长的钱，逃学，打人，离家出走，赌博，说谎，抽烟，偷盗，使用武器伤人，逃票，在网吧玩通宵，破坏公物，转学，醉酒，强要别人东西，谈恋爱，纵火，借钱物不还。与吸毒、买毒品无关。

由表 3-12 可见，第一次犯罪情况中与再犯有关的因素，按显著性和相关性排序，依次为：婚姻状况，初犯年龄，职业，亲友违法，犯罪类型，犯罪动机，是否见过吸毒，居住情况，犯罪后的后悔情况，家庭经济，与亲属关系，就业情况。与同住亲属的数量、收支情况、预谋情况、不幸事件数量无关。

由表 3-13 可见，犯罪前一年越轨情况中与再犯有关的因素，按显著性和相关性排序，依次为：嫖娼，打人，赌博，使用武器伤人，偷盗，酒驾，破坏公物，醉酒，在网吧玩通宵，销赃，诈骗，借钱物不还，买毒品，吸毒，伪造或使用假票据。

由表 3-14 可见，第一次被逮捕前情况中与再犯有关的因素，按显著性和相关性排序，依次为：审讯期间被警察殴打，第一次被逮捕年龄，看守所警察殴打，跨区域情况，共犯情况，是否后悔，看守所犯人殴打，作案起数。

由表 3-15 可见，第一次受刑情况中与再犯有关的因素，按显著性和相关性排序，依次为：扣分情况，是否后悔，附加刑，服刑期间自杀次数，服刑期间脱逃次数，罪名，对判决的看法，主刑，汇款与包裹，严管次数，服刑期间犯罪次数，接见，表扬次数，严重违纪次数，加刑次数。与刑期、省改积次数、改积次数、记功次数、是否被减刑、减刑次数、减刑累计时间、通信、禁闭次数、一般违纪次数、技术证书数量、释放前管理级别无关。

由表 3-16 可见，第一次出狱时情况中与再犯有关的因素，按显著性和相关性排序，依次为：出狱时的婚姻状况，出狱形式，释放时的年龄，出狱时是否后悔。与实际关押时间、文化程度无关。

由表 3-17 可见，第一次出狱后情况中与再犯有关的因素，按显著性和相关性排序，依次为：亲友违法，是否见过吸毒，婚姻状况，朋友构成，职业，居住情况，就业情况，家庭经济，收支情况与亲属关系。与文化程度、同住亲属的数量、不幸事件数量无关。

由表 3-18 可见，出狱一年内越轨情况中与再犯有关的因素，按显著性和相关性排序，依次为：嫖娼，赌博，打人，使用武器伤人，酒驾，在网吧玩通宵，醉酒，吸毒，销赃，偷盗，诈骗，强行拿走别人东西，破坏公物，借钱物不还。

由表 3-19 可见，其他情况中与再犯有关的因素，按显著性和相关性排序，依次为：判刑次数，收容审查次数，收容审查期间被警察殴打，开支无度，文身，服刑期间被警察殴打过，收容审查期间被其他收容对象殴打。与治安拘留、强制戒毒、劳动教养次数，治安拘留、强制戒毒、劳动教养期间被警察或其他拘留、强戒、劳教对象殴打,服刑期间被其他服刑人员殴打无关。

五、再犯风险评估表制作的原则与根据

(一)预测因素类别的合并

出于调查对象填答方便的考虑,调查问卷中题目按生活史顺序进行了类别划分,但出于实际预测的需要,则必须对预测项目做重新排序和归类。最后确定为七类因素:(1)早年家庭状况;(2)早年行为;(3)第一次犯罪情况;(4)第一次受刑情况;(5)第一次出狱情况;(6)第一次出狱一年内越轨情况;(7)其他相关因素。

(二)预测因子的取舍

1.易获取性优先

对于有关联的预测效力相当的因子,取容易获取的因素作为预测因子。如初犯年龄和第一次被逮捕年龄均有预测力,但被逮捕年龄因在罪犯(回归者)档案中有记载,更易获取和判别,因此,选取被逮捕年龄作为预测因子。

2.近因优先

对于处于不同生命历程阶段的有预测效力的同一因子,取离现时最近的状态作为预测因子。如第一次犯罪前的婚姻状况、出狱时的婚姻状况和出狱一年后的婚姻状况与再犯均相关,我们取离现时最近的出狱一年后的婚姻状况作为预测因子。

3.聚类权重制衡

早年状况,犯罪与刑罚状况,出狱后状况分别设定权重为 1:1:2。对于检选出的相关因素较多的"早年行为"和"出狱后越轨状况",根据相关程度($r \geqslant 0.200$)和 B 式得分的内部差距($d \geqslant 35.0$)进行取舍。

(三)预测因子内部属性的合并

根据再犯组和未再犯组组内百分比的分布,合并取向一致的变量取值,以增强不同类别取值间的差异显著性。如将家庭经济中的"很好"、"较好"、"一般"合并为"不差","较差"、"很差"合并为"差";将父母关系中"一直住在一起,从来不打架和争吵"合并为"住在一起,偶有打架和争吵","没有离婚,但长期分居"、"离婚了"合并为"分居或离婚"。

(四)分值的设定

1.B 式得分的算法

一般地,对于变量在某一属性上的取值,如果再犯组组内百分比大于未再犯组内百分比则取值为"1",反之则取值为"0"。如果某变量有两个以上的属性,且其取值有明显的递进关系,则记为"0 分"、"1 分"、"2 分"、"3 分"等。但对于对犯

罪有明显促进作用的因素的某一属性,则采用大跨距计分,如"是否被劳动教养过","否"记"0分","是"记"3分"。B式得分用于高致罪风险因素的排序和绘制再犯风险曲线。

2.A式得分的算法

A式得分由再犯组组内百分比除以再犯组组内百分比和未再犯组内百分比之和得出。

六、再犯风险评估得分表与等级划分表

（一）预测因子得分表

1.早年家庭与学业得分表（0,7）（见表3-20）

表 3-20　早年家庭与学业得分

序号	变量	属性	B式得分	A式得分
1	父母关系	一直住在一起,从来不打架或争吵; 一直住在一起,有时会打架或争吵	0	45.0
		■	1	60.4
		一直住在一起,经常会打架或争吵	2	■
2	父亲的教育方式	民主	0	37.2
		专制/放任	1	50.0
		溺爱/粗暴	2	62.5
3	母亲的教育方式	民主/专制/放任	0	46.2
		溺爱/粗暴	1	56.7
4	弃学（毕业前）学习成绩是否很差	否	0	47.6
		是	1	78.7
5	在校是否受过处分	否	0	46.5
		是	1	62.6

注:表中黑块项目(数据)为了技术保密特省略,下同。

2.早年（14岁以前）行为得分表（0,13）（见表3-21）

表 3-21　早年行为得分

序号	变量	属性	B式得分	A式得分
1	赌博	5次以下	0	■
		6次以上	1	85.2
2	打人	3次以下	0	43.3
		4次以上	1	85.8
3	偷盗	1次以下	0	45.6
		2~3次	1	66.4
		4次以上	2	94.4

序号	变量	属性	B式得分	A式得分
4	借钱物不还	3次以下	0	49.1
		4次以上	1	90.5
5	强要别人东西	没有	0	47.8
		有1~2次	1	53.2
		3次以上	2	■
6	离家出走	没有	0	41.2
		■	1	58.6
		■	2	84.5
7	逃学	没有	0	36.9
		有1~3次	1	52.9
		4次以上	2	79.7
8	骗家长的钱	没有	0	33.8
		有1~2次	1	61.4
		3次以上	2	72.8

3. 第一次犯罪情况得分表(0,12)(见表 3-22)

表 3-22　第一次犯罪情况得分

序号	变量	属性	B式得分	A式得分
1	第一次被逮捕年龄	25岁以上	0	28.8
		21~25岁	1	58.2
		16~21岁	2	65.8
		16岁以下	3	78.4
2	犯罪类型	职务犯罪	0	0
		其他犯罪	0	31.3
		■	1	60.1
3	犯罪动机	为了钱财/满足性欲/其他	0	40.7
		为了报复/好玩/帮朋友	1	66.1
4	共犯情况	单独作案	0	38.1
		2人作案	1	54.8
		3人以上作案	2	66.8
5	作案起数	1起	0	40.8
		2~3起	1	56.4
		4~6起	2	63.3
		7起以上	3	■
6	在审讯中/看守所/监狱被警察殴打	没有	0	32.9
		被打过1次	1	57.7
		被打过2次以上	2	■

4.第一次受刑与其他受罚情况得分表(0,20)(见表 3-23)

表 3-23　第一次受刑与其他受刑情况得分

序号	变量	属性	B 式得分	A 式得分
1	是否对自己犯罪感到后悔	是	0	48.6
		否	1	71.0
2	是否认为判决过重	否	0	■
		是	1	59.6
3	服刑期间是否有自杀行为	否	0	49.0
		是	1	61.8
4	服刑期间是否有脱逃行为	否	0	49.5
		是	1	78.4
5	是否被严管过	否	0	36.2
		是	1	77.3
6	释放时的年龄	25 岁以上	0	39.2
		■	1	63.4
		■	2	75.9
7	是否被治安拘留	否	0	37.7
		是	2	62.3
8	是否被强制戒毒	否	0	33.3
		是	■	66.7
9	是否被劳动教养	否	0	39.6
		是	3	60.4
10	被法院判刑次数	1	1	32.9
		2	3	67.1
		3 次以上	■	■

5.第一次出狱后情况得分表(0,23)(见表 3-24)

表 3-24　第一次出狱后情况得分

序号	变量	属性	B式得分	A式得分
1	婚姻状况	在婚	0	27.7
		■	1	54.6
		离婚/丧偶	2	72.7
		未婚,正在谈恋爱	3	82.1
		未婚,刚跟恋爱对象分手	4	100
2	居住情况	固定住在一处或换过 1 次住处	0	44.2
		换过 2 次住处	1	68.0
		换过 3 次及以上住处	2	92.7
3	是否与亲属关系较差	否	0	48.7
		是	1	77.5
4	家庭经济是否较差	否	0	45.7
		是	1	67.0
5	职业	社会管理者/私营企业主	0	23.0
		其他职业	1	41.2
		■	2	69.2
6	就业情况	全年有工作	0	39.6
		有时有工作	1	44.4
		全年失业	2	70.9
7	收支是否能维持生活	是	0	46.8
		否	1	65.2
8	朋友是否主要是服刑时的狱友	否	0	47.7
		是	2	91.5
9	朋友中违法者的人数	没有	0	31.5
		有 1 个	1	67.5
		有 2 个及以上	2	89.2
10	是否见过吸毒	没有	0	35.1
		见过 1 次	1	76.7
		见过 2 次及以上	2	96.9
11	所估计的社会上的犯罪率是否超过■ %	没有超过	0	34.5
		超过	1	66.5
12	所估计的国家对犯罪的处罚率是否低于■ %	否	0	36.6
		是	1	65.4
13	是否有文身	没有	0	42.7
		有	1	77.2
14	开支有无计划	有计划	0	39.1
		没有计划	1	65.0

6. 出狱一年内越轨得分表(0,14)(见表 3-25)

表 3-25　出狱一年内越轨得分

序号	变量	属性	B式得分	A式得分
1	醉酒次数	3 次以内	0	43.2
		4 次以上	1	76.5
2	是否吸过毒	没有	0	46.2
		有过	2	■
3	赌博次数	3 次以内	0	38.2
		有 4～5 次	1	53.8
		6 次以上	2	97.9
4	嫖娼次数	没有	0	37.6
		■	1	86.4
		■	2	98.9
5	在网吧玩通宵	1 次以内	0	43.5
		2～5 次	1	53.9
		6 次以上	2	89.9
6	打人	没有	0	40.4
		有 1 次	1	57.9
		2 次以上	2	89.9
7	偷盗	没有	0	46.9
		有 1 次	1	63.9
		2 次以上	2	91.4
8	销赃	没有	0	46.3
		有	1	■

(二)再犯风险等级划分表

风险等级一般可以分为三级或五级,本研究采用五级划分,即将再犯的风险分为:"低"、"较低"、"中"、"较高"、"高"。

每一级别对应的分数区间长度根据正态分布理论模型加以确定,即风险"低"和"高"的各占 16%(两项合计 32%),"较低"、"较高"的各占 22%,"中"的占 24%(三项合计 68%)。

分数全距为表 3-20 至表 3-25 中每一风险因素 B 式得分最大值之和,计算结果为 89。

每一区间域值极差为分数全距与分数区间长度之积,即 $89×16\%=14,89×22\%=20,89×24\%=21,89×22\%=20,89×16\%=14$。

据此,每一区间可以确定为:$[0,0+14],(14,14+20],(34,34+21),$

[55,55＋20],(75,75＋14],即[0,14],(14,34],(34,55),[55,75),[75,89]。

风险等级划分表请见表3-26。

表 3-26　风险等级划分

风险等级	低	较低	中	较高	高
占比(%)	16	22	24	22	16
分数区间	[0,14]	(14,34]	(34,55)	[55,75)	[75,89]

七、小 结

刑释人员再犯风险评估量表(RRAI)可以直接应用于安置帮教中对回归者的再犯风险评估;排除第五、第六类因素,重新计算风险等级划分表后,可以用于审前社会调查中对拟宣告缓刑或裁定假释的罪犯再次危害社会的可能性的评估;也可以经修订后,用于社区服刑人员的再犯风险评估,以作为确定社区服刑人员管理级别和警戒等级的参考依据。

由上述研制过程可见,刑释人员再犯风险评估量表(RRAI)是把众多影响再犯的因素客观化、结构化的过程,渗透了相关成熟犯罪学理论(如控制理论、差别交往理论、标定理论等)对犯罪行为的认识和研究者多年以来对服刑罪犯观察和访谈获得的对犯罪人及其生活史的理解与感悟。研究得出的大部分预测因子及其权重,与犯罪和刑罚领域的研究者和实践者的主观感受较为一致(具有较高的表面效度)[①]。但预测准确性的最终判断依赖于标准化的效度检测试验,即对样本以外的出狱后再犯者和未再犯者利用RRAI进行测验,计算出"纳伪"和"弃真"两类错误率。研究者今后将对RRAI进行效度检测,并及时报告检测结果,以对量表加以修订,提高预测准确性。

本研究相对于国内同类研究,在研究假设、样本选取、分析方法等方面已经有了实质性突破,但与国际上先进的风险评估工具相比,仍然需要在以下方面持续改进:(1)对犯罪人的生理因素、个性心理特征利用成熟技术和量表进行测量,并确定与外部行为和事件的关联;(2)除问卷调查外,对调查对象逐一进行深度访谈,并查阅档案,走访家属、单位和知情者,以核实、深化相关信息;(3)对犯罪

---

① 从这个意义上说,既然实践领域中的安置帮教、审前社会调查、社区服刑人员分类管理广泛涉及再犯风险评估(人身危险性评估/再犯预测),而实务工作者基本是在依靠有限的经验进行判断,而这一判断正在实际地影响着回归者与罪犯的流向和处遇,那么,集合实践的与理论的、现时的与历史的、经验的和知识的科学评估就是务实且有重要价值的。那些从抽象不可知论和人权论出发从根本上否定再犯风险评估是受人尊敬但不能被接受的。(典型批评参见赵军:"先知"之惑——犯罪预测局限性研究,《河南公安高等专科学校学报》2010年第6期)。

人进行分类研究,分别制订相应的评估工具,如暴力犯再犯风险评估量表、性犯罪人再犯风险评估量表、财产犯再犯风险评估量表;(4)利用纯客观算法确定早年状况、犯罪与刑罚状况、出狱后状况对再犯风险的作用权重;(5)计算出各因素间的交互效应,更精确地确定各因子在聚合后的影响力。

八、应　用

以本评估表为基础,经过修订计算机化而成的社区矫正人员再犯风险评估系统(CIRAI)自 2011 年 7 月份以来在浙江省杭州市余杭区司法局及下属 20 个司法所正式启用,至 2013 年 7 月 19 日,累计测试 1264 人次。其中,入矫初期评估 712 人,服刑中评估 415 人,解矫前评估 137 人。中级以上风险共评估出 108 人次,占总评估人数的 8.54%。每月中级以上风险人员比例稳定在 9%左右。其中入矫初期中级风险 59 人,占入矫初期总评估人数的 8.29%;服刑中期评估中级风险 42 人,占服刑中期总评估人数的 10.12%;解矫前评估中级风险 7 人,占解矫前总评估人数的 5.11%。通过矫正,再犯风险整体下降 49.51%。评估为中级以上风险者并成功解矫的有 55 人,其中重新犯罪的有 3 人。

在实际发生的 9 起重新犯罪案件中,有 3 起预测为中级以上风险。去除 2 起有较大偶然性的交通类案件,有 4 起案件的犯罪人当时被评估为中级以下风险。在未准确预测的 4 起案件中的 3 起案件的犯罪人的风险评估可信度报告显示(有 1 人测试较早,未进行测谎),3 人对两道事实测谎题目的回答均为“完全没有如实回答”,可信度分数均为 57 分(满分为 100 分)。从事后调查和评估测谎报告看,主要原因是被评估人没有如实回答所有问题。

采用社区矫正人员再犯风险评估表评定的等级与矫正工作者的经验判断有较高的吻合度(表面效度)。部分出乎意料的测试结果,提醒、帮助矫正工作者更加深入地了解服刑人员,及时发现、分析风险隐患,并做出适当反应。影响评估准确性的最主要因素是:被测试的社区矫正人员隐瞒事实,虚假陈述。对此,研究小组深入评估现场进行观察,并专门召开座谈会,对测试完成的报告进行了分析。最后,对测试题目和算法进行了修订,增加了逻辑测谎和事实测谎题目(可自动生成可信度报告)。

使用本评估系统以后,跟以前靠社区矫正工作者凭经验判断矫正人员再犯风险相比,在以下四个方面成效明显。

（一）有效降低主观随意性和误判率

以前判断矫正人员再犯风险主要看罪犯所犯罪行和现实表现,对既往的生活史、犯罪史、惩罚史、行为习惯、主观态度关注不够。每个社区矫正工作者的知识和认识不同,对同一个矫正人员的评估也不一样。本评估系统提供了全面、统

一、客观的评判标准,使科学评估罪犯再犯风险有了可靠依据:经正确点选后,计算机能够自动给出被试的再犯风险等级。同时,本系统的评估方案也不排除管理者的主观经验,把主观判断和客观测试相结合来确定矫正人员的再犯风险。

(二)有效提高社区矫正的针对性

以前对致罪高风险因素关注不够,只从当下影响稳定矫正的问题入手发现和排除风险,本系统则从历史和现时,动态和静态,事件、人物和关系等多角度多方面考虑致罪的高风险因素,并且把影响因子的重要性进行了量化排序,系统可以直接显示排在前 5 位的致罪高风险因素,并且能够自动生成一份社区矫正人员再犯风险评估报告表,为实施针对性的矫正教育提供参考依据,特别是对入矫初期的社区矫正人员进行风险评估具有重要意义。因为矫正工作人员如果要了解掌握社区矫正人员的风险等级、高致罪风险点,则从入矫后至少要花三个月以上的时间进行调查、走访、谈话等进行了解,才可能发现风险点,并且不一定准确,而目前司法所矫正工作人员少、工作量大,故现在的做法可以帮助矫正工作人员大大节省时间、提高工作效率,为开展有针对性社区矫正奠定基础。

(三)有效减少人工分析的难度和工作量

以前的评估是单个的、离散的,缺乏可比性,也无法对较大范围内的(如全区)服刑人员再犯风险的结构、分布进行统计,本系统能够依据性别、年龄、户籍地、犯罪类型、矫正类别等对整体的服刑人员再犯风险进行统计分析,并且能够自动生成分析表,使对服刑人员的整体再犯风险分布情况一目了然。

(四)有力促进建立再犯风险评估和跟踪评估机制

结合社区矫正工作实践,实践部门实行入矫必评工作机制,并作为制度固定下来。《余杭区社区矫正实施补充规定》明确,司法所应对新入矫社区矫正人员进行再犯罪风险测试评估,将中级以上风险等级的列为"严管级"重点人员,实行"定人包案",制订针对性的社区矫正方案;对中期和期满前社区矫正人员进行再犯罪风险测试评估,将中期社区矫正人员再犯罪风险为中级以上等级的,列为"严管级"重点人员,实行"定人包案",调整、完善矫正方案;对期满前社区矫正人员再犯罪风险中级以上等级的,做好与安置帮教工作的衔接。

第四章　矫正项目

第一节　项目干预

一、项目干预概述

如何使罪犯矫正有效？西方刑事司法领域自"马丁森炸弹"后诞生了"项目矫正"的概念。与循证医学的目标相似，刑事司法领域的循证矫正希望通过执行已经被证明有效的项目和政策来改善刑事司法体系、降低再犯率、促进公共安全。其基本理念是优化资源配置，把有限的资源集中于对高风险罪犯的干预，提供基于监狱和罪犯个体因素的干预项目。高风险罪犯在刑满释放后重新犯罪的概率较高。为了获得资源的最佳配置，在罪犯入监后矫正机构即会对罪犯的再犯风险等级进行评估，以便把低风险的罪犯与中度、高度风险的罪犯区别开来，让中度和高度风险的罪犯接受针对犯因性需求的干预项目。犯罪风险因子既有静态的，也有动态的。静态的风险因子指过去已经发生，且矫正项目无法改变的因子，如年龄、犯罪史、早年越轨行为、儿童和成年时期的情感、心理、青少年和成年时期与反社会同伙的交往、酒精和毒品的使用等。犯因性需求指的是很有可能会随着时间的推移改变，并且已经被证明能够影响再犯的动态风险因子，如反社会态度、与反社会同伙的联系、与家人的感情和交流、自我管控能力、问题解决技能等。Andrews & Bonta(1994)认为如果能够改变犯因性需求，与之关联的重新犯罪行为的可能性就会发生改变。目前，西方许多机构都会使用第三或第四代风险评估工具来判定个体的核心风险因子，还有一些使用元分析来确定这些动态风险因子。

确定了罪犯的风险等级和犯因性需求后，就面临该如何矫正的问题。西方的循证矫正项目首推认知行为疗法(cognitive behaviroal therapy, CBT)。CBT源自认知理论和行为理论。行为论专注于外部行为，忽视内在的精神过程，而认知方法则强调内在思维过程的重要性。CBT在国外多项研究中被认为对培养罪犯的亲社会心理和行为、降低再犯率有效果。Lester & VanVoorhis(2000)提出认知行为干预对罪犯群体有效的六大理由:(1)针对主要的犯因性需求;(2)与其他多数疗法相比,疗程较短,比较适合刑事司法体系的特性;(3)适用于机构和非机构的场所;(4)可以同时适用于个体和团体诊疗;(5)考虑到目前矫正项目的警力配备,团体诊疗在提供有效项目的同时可以进行资源配置最优化;(6)关注的是此时、此地。Pearson, Lipton, Cleland & Yee(2002)对 69 项罪犯行为疗法和认知行为疗法的研究做了元分析。他们发现认知行为疗法比行为疗法在降低再犯率方面更有成效。Wilson, Bouffard & Mackenzie(2005)的元分析研究了 20 个团体活动导向的罪犯认知行为项目,发现 CBT 对于减少参与者的犯罪行为非常有效。在他们的研究中,与控制组相比,具有代表性的 CBT 项目实验组再犯率降低了 20%~30%。以下罪犯认知行为项目在西方研究中都已被证明能够有效降低再犯率。

(一)道德认知矫正项目

道德认知矫正项目(moral reconation therapy, MRT)是由 Greg Little & Ken Robinson 针对罪犯、青少年、物质滥用,以及其他消极人格开发的认知行为矫正项目,已经过商标注册和知识产权注册。其基本原理是发展心理学家霍尔伯格与培基特的道德发展"九阶段"理论。MRT 最早在 1986 年由田纳西州谢尔比镇矫正中心(Shelby County Correction Center in Memphis, Tennessee)开展,关注罪犯的积极行为与自尊,提高罪犯的道德行为,降低自私性,目标是促进罪犯决策制订过程中的意识改变,通过道德说理促进恰当、得体的行为。

(二)推理和矫正疗法

推理和矫正疗法(reasoning and rehabilitation, R&R, Ross, Fabiano & Ross, 1986)由加拿大心理学家和监狱教育工作者共同开发,已在加拿大、美国、德国、西班牙、澳大利亚和新西兰等国的监狱和社区矫正机构被广泛采用。该项目帮助培养罪犯自控能力、社会技能(如何应对批评、与他人协商的技能等)、人际问题解决能力(如何分析问题、理解他人观点和价值观、在行动时考虑他人的技能等)、创造性思维、批判性思维(用逻辑和客观的方法思考)、助人思维(鼓励罪犯用亲社会的方式帮助有需要的人)等。Redondo, Sanchez-Meca & Garrido(1999)对欧洲开展的 R&R 元分析结果表明实验组再犯率降低了 23%,其中针对暴力罪犯的项目最为成功。Joy Tong & Farrignton(2006)对 60 项 R&R 实验组和对照组的研究进行元分析,发现实验组再犯率有 14% 的显著降低。

(三)攻击替代训练

攻击替代训练(aggression replacement training, ART, Goldstein & Glick,

1987)主要针对的是暴力犯和有情绪控制问题的罪犯。该项目包括三大内容:技巧流、愤怒控制训练和道德教育(Goldstein & Glick, 1994)。技巧流通过让学员模仿和角色扮演练习 50 种亲社会行为,以提高罪犯应对问题处境的能力。愤怒控制培训罪犯通过记录愤怒爆发经历、辨别诱因,采用愤怒控制技巧以达到自我控制。道德教育通过让罪犯讨论如何应对各种道德两难困境以提高他们的道德推理水平。Goldstein, Glick & Rainer (1987)设计的 ART 项目在 20 世纪 90 年代被应用于北美和欧洲的教育、矫正、社区等机构,在美国司法部模块项目指导中被评定为有效的项目(OJJDP Model programs Guide, 2010)。该项目在 2010 年开始在瑞典监狱和一些社会机构开展并得到认证。

(四)为改变而思考

为改变而思考(thinking for a change, T4C)由 Bush, Glick & Taymans (1997)在国家矫正机构(National Institute of Corrections)的支持下开发,综合认知重建、社会技能和问题解决能力的培训以提高罪犯对自我和他人的认知意识。其基本理念是如果你愿意改变思考模式,就可以改变感觉;如果你改变你的感觉,就可以改变行为。T4C 一般设置 22 次课程,通过小组活动和作业练习在以下方面帮助罪犯:(1)了解思想、控制行为,通过每日思想报告学会辨别、调整致他们于高危情境的思维模式;(2)理解并应对自己和他人的感觉、使用应对高压谈话、愤怒和指责的技能步骤口袋卡;(3)练习 6 步问题解决技能步骤。

(五)认知干预项目

认知干预项目(cognitive interventions program, NIP, 1996)是包含 15 次课程的认知重建项目。该项目引导参与者认识到是扭曲/错误的思维(例如受害者立场等)导致扭曲/错误的行为,行为是他们所做选择的直接结果。

(六)复发预防项目

复发预防项目(relapse prevention therapy, RRT)重点是防止和应对复发,尤其是成瘾问题的复发预防。Marlatt & Gordon(1985)针对物质滥用开发的复发预防项目已经被运用于攻击/暴力问题的干预。课程的设计融入了认知技能和认知重建元素以培养罪犯应对高危情境的行为策略,学会在最终复发前终止复发循环。

总体而言,罪犯认知行为干预的目的是为罪犯带来积极、正面改变的氛围和机会,在以下方面帮助罪犯:(1)训练认知技巧——对自己以往和现在能改变的思想、态度和行为进行反思和重构;(2)补充社交技能——愤怒控制、与他人沟通、问题解决和团队合作等能力的培训;(3)发展道德判断——对自己、他人、社区和社会的责任心的培养;(4)预防复发——复发的预测和复发预防计划的制订。最终目标是改变罪犯错误/扭曲的认知和行为,培养罪犯的亲社会行为,降低再犯率。

二、中国项目干预的意义

西方循证矫正对证据和定量手段的关注是为了在推行项目的同时确保不会因项目实施者水平的不同而导致干预效果受到较大影响。监狱领域科学、规范的分析是有效管理的前提,引进循证矫正理念和技术不仅会成为我国监狱研究和实践革新的契机,而且从我国国情和罪犯教育转化历史、现状的角度考虑是可行的,也是必需的。

(一)罪犯教育内容的相似性

我国传统的罪犯思想改造和西方循证矫正都认同思想驱动行为:要改变一个罪犯,就应该改变他/她的思想。我国早在西周时期的刑罚原则就是明德和慎罚的结合,重视让罪犯为自己的罪行感到羞耻并忏悔,罪犯如果愿意悔过自新,就能得到救赎。从这个角度看,西周的刑罚已经兼具惩罚和预防的功能设计。新中国成立后,我国的监狱工作一直秉承"罪犯是可以改造的"这一理念。1994年颁布的《中华人民共和国监狱法》确定了对罪犯的教育内容之一是思想教育,希望通过转化罪犯的思想达到改造目标,即将罪犯改造成为守法公民。虽然我国罪犯的思想改造这一核心概念一直饱受西方诟病,但无论是颇具争议的"改造"还是更为温和的"教育转化",抑或是号称被西方渗透而引进的"矫正",这些动词的宾语基本一致,即罪犯的思想。原有的犯罪思想、恶习没有改变,罪犯的改造目标就无法达成。同样的,西方罪犯认知行为疗法的设计也是基于犯罪行为是由于思维模式扭曲造成的假设。他们认为罪犯往往采用扭曲的思维来看待现实和社会、与他人的交际和日常生活,并最终导致行为的扭曲。无论是我国的思想改造还是西方的认知行为疗法针对的都是罪犯的思想,区别在于我国重在通过个别谈话教育、集体教育、文化教育和劳动等手段改变和转化罪犯的思想,强调认罪、悔罪。但是"思想"这一概念的定义比较抽象,也比较宽泛,思想改造的效果也主要凭罪犯外在行为的变化来判断。而 CBT 认为一个人的行为是我们所能看到的外在表现。行为由一个人的想法、感觉决定,但最终是由一个人更为深层次的认知结构决定,即认知决定想法和感觉,最后决定行为。认知缺陷是导致犯罪行为开始与继续的重要原因,而罪犯缺少认知技能不是因为他们的智商低或神经系统缺陷,而是由于他们缺乏有效的父母监管或早年学校教育失败等社会环境因素。罪犯认知行为疗法就是要帮助罪犯改变扭曲的认知思维模式以帮助他们能更好地应对会导致违法行为发生的情境、经济和人际压力(Ross & Ross, 1995)。与我国的罪犯思想改造相比,CBT 干预的对象更为具体、明确,重视通过反复练习帮助罪犯习得亲社会行为。

（二）监狱工作规范化的需求

我国监狱工作的规范化要求，除了表现在监所执法的规范化、狱政管理的规范化、设施和经费管理的规范化等方面，对罪犯教育的规范化要求也已经提上日程。罪犯教育工作要实现规范化首先应达到罪犯干预内容和流程的标准化，即根据罪犯矫正需要的种类及强度设计矫正方案，通过遵循一定的标准提供菜单式、针对性的干预。"囚犯通过我们的教育，主张自己的权利（有些是把权力扩大化），而我们有的民警由于能力不及和本能恐慌，无法运用法律的语言表达正确的主张，或者根本就无法说服囚犯，因而就面临被动的情形"（张晶，2008：106）。目前，中国已有的如监狱系统教育转化个案、优秀管教案例、典型案例集汇编等对罪犯教育工作有一定的启示作用，但对于民警该如何具体地进行谈话的组织、活动的有效开展等尚无细化的流程和明确的标准可供遵循。如果仅依赖民警的责任心和对心理学、犯罪学等知识的掌握矫正罪犯，就会造成能力较强、经验丰富的民警取得较好的效果，能力较差、从警经历较短的民警则无法从罪犯矫正的工作中获得成效，甚至引起罪犯的反感和抵触。而且优秀民警的罪犯教育转化经验由于没有标准流程可供新警或其他民警参照就很难具备传承性和可复制性，无助于监狱民警罪犯教育转化能力和水平的普遍提高。循证矫正注重对罪犯干预手段的量化，通过确定干预什么时候执行、多久执行一次、执行周期是多长、如何执行等规范干预项目内容和流程，被验证有效的项目可以在不同监狱进行实践、比较、不断完善。

罪犯教育的规范化目标可以通过按统一模板设计和操作干预内容及过程来实现，以尽可能不因民警的经验多少、能力强弱或项目执行民警的更换等因素影响干预效果，确保罪犯教育转化工作的实施保持一致的水准。只有罪犯干预流程标准化了，才能保证最终的矫正质量和效果符合预定标准，也才可能实现过程控制和监督。

（三）监狱成本效益核算的要求

虽然诸如 AB 门禁、虹膜识别系统、警报系统、监控设施等各种技防和高墙电网、监内对讲、单警装备配发等物防手段已被广泛采用，但监狱的真正安全来自于对罪犯行为积极、有效的控制和管理。目前，中国共有监狱 600 余所，监狱警察只有 30 余万人，而押犯已近 170 万人，监狱管理层面临着如何利用现有资源和警力控制并教育转化规模巨大的在押囚犯的挑战。如果按照传统和现有的罪犯教育转化理念，那么一线民警除了需要负责对罪犯日常生活、学习、劳动的管理以外，还需执行对罪犯进行个别教育谈话、犯情分析、耳目布控、顽危犯的管控、罪犯日常考核等任务，这就容易使得一线民警疲于应付各项具体工作。曾有民警在描述其工作时戏说他们是"赚着买白菜的钱、操着卖白粉的心"。虽然这句话未必能完全反映所有监狱民警工作的现状,但目前我国监狱民警的确面临着工作任务繁杂、安全责任压力大,同时扮演罪犯管控者和心灵导师这一对立角色等问题。西方研究提出如果对低风险罪犯作过多干预反而会适得其反,可能会造成这些罪犯对监狱的抵抗和再犯率上升。重点对被评估为中、高再犯风险的罪犯进行重点干预应该是我国今后监狱工作改革的发展趋势。诸如以往由每个监区承担的顽危犯的评估、分析和矫正工作也都交由专业人员负责,使一线监管民警从这些需要较多从警经验和专业知识才能有效开展的工作中脱离出来,专注于一般罪犯的一般管控。这样不仅可以优化监狱有限资源、减少一线民警工作量,也有助于我国的罪犯教育转化工作走上专业化分工道路。

虽然目前在我国监狱研究、推行和实践循证矫正已经遇到了对诸如风险评估工具是国外引进还是自行开发、项目如何开发和执行、效果如何验证等方面的质疑,但从长远角度来看,我国监狱理论研究和实践如果要真正走上科学化、规范化、效益化的道路,借鉴和实践循证矫正不失为一个可行的切入点。

三、中国项目干预的本土化

作为一种全新的理念和技术,循证矫正从 2012 年下半年开始在我国的监狱学理论界、实务界逐渐成为一个热点话题,其中讨论最多的就是本土化问题。从西方引进的矫正理念和技术不可避免地带有西方文化、历史和价值观的烙印,因此有必要综合考量中国历史、政治、社会、经济、文化和我国的刑罚理念、监狱语境等因素,减少照搬西方矫正理论和技术在中国监狱运用过程中出现的尴尬与困境。而且罪犯犯罪行为表现可能单一,如盗窃、贩毒、诈骗、故意杀人等,但其犯罪原因却是多方面的。多数青年罪犯会最终成长,不再做越轨行为是犯罪学中最为著名的研究成果之一。Goring 甚至把这种年龄与犯罪的关系称为"自然法则",但是对于这个变化过程是怎样发生的鲜有研究。停止犯罪已经成为犯罪学界普遍承认却又认识最少的问题之一(Maruna,1997),因此不能希望用单一的方法和手段解决罪犯重新犯罪和狱内自杀、暴力等复杂问题,也不能指望仅靠一个项目就能改变罪犯。因此,除了借鉴西方认知行为干预项目以外,有必要结合我国传统罪犯教育转化手段设计项目内容,避免简单照搬和套用西方矫正理论和技术。艺术矫正是监狱民警整合多种艺术形式,并以此为媒介给干预对象带来改变的一种疗法。艺术矫正强调艺术创作与表现的治愈性,通过多种艺术形式的整合,如线条绘画、色彩绘画、雕塑、制陶等视觉艺术形式使参与者在表达性的创造活动中得到康复,除了视觉的艺术形式之外,还可以将音乐、舞蹈、戏剧、诗歌、写作、运动等创造性活动整合在一起。艺术矫正的基本原理是通过表现和塑造具有矫正作用的新的表现形式来完成矫正。艺术矫正通过这些活动形式让服刑人员身处于一个支持性的氛围之内,把自己的情绪表达出来。所有源于深层情绪的艺术形式都会为自我发现和自我洞悉提供一个媒介。艺术形式是内心体验的外化形式,这些外化形式使难以捉摸的内在体验变成可以看得见的和触摸得到的外在形式,从而达到交流的目的。所以说艺术形式是一种独特的心灵语言。艺术矫正就是通过创造过程来唤醒创造性的生命力能量,从而取得矫正效果。

第二节　罪犯认知行为干预项目

一、罪犯认知行为项目原则

我国如果要实现罪犯教育工作的规范化目标,就有必要开发针对性强、菜单式的干预项目。设计罪犯认知行为干预项目,组织被评估为中度和高度再犯(在囚)风险的罪犯参加团体矫正活动,有助于改变以往我国罪犯教育转化手段形式较为单一、以灌输型教育为主的问题。我国本土化的罪犯认知行为团体活动的设计应基于以下原则。

（一）以安全为第一

“推进循证矫正模式,安全性原则是基本的原则。任何违背安全性原则的循证矫正都不可能长久,也不可能继续下去”(张晶,2013)。在团体活动的设计过程中始终考虑两点内容:(1)便于执行,不能过多增加监狱和民警工作的风险系数;(2)针对我国对监管安全和秩序的重视,注重在押和再犯风险干预的结合。

（二）设计本土化

在团体活动的设计过程中,充分考虑一线监管民警实践经验和中国历经岁月、被证明有效的传统罪犯教育转化手段,同时也注意对这些方法和手段的反思。例如中国一直以来比较注重罪犯的认罪、悔罪态度,但是 Maruna(2004)对刑释后重新犯罪和终止犯罪罪犯的研究发现,认罪、悔罪的表述并不是罪犯改变与否的特征之一。中国目前也确实存在一些罪犯通过认罪、悔罪的明确表达敷衍民警、谋取利益的现象,因此应注意避免设计让罪犯简单表述认罪、悔罪的内容。另外,西方罪犯认知行为疗法都注重每次活动结束后作业的布置和检查,但根据以往我国罪犯心理咨询后的作业布置效果分析和调查(Guo Jing-ying,2013a,2013b),许多罪犯对于白纸黑字的作业心存顾虑。鉴于我国传统文化“言不尽意”和监狱语境的考量,认知行为团体活动中是否设计作业布置环节值得商榷。

（三）干预系统化

研究表明,不能希望用单一的方法和手段解决罪犯重新犯罪和狱内自杀、暴力等复杂问题,也不能指望仅靠一个矫正项目就能改变罪犯。只针对三个或更少的犯因性需求进行干预无法降低再犯罪率,在针对至少 4 到 6 个需求进行干预时可以降低 31% 的再犯罪率。

(四)操作标准化

对高风险罪犯进行具有标准化流程的干预,有助于项目过程的推进、监督和评估。团体活动的设计应不仅能清楚说明活动目标,给培训人员提供清晰的活动执行说明以及活动过程中所需的材料,还应保持一定的完整性、连贯性、递进性。设计的认知行为团体活动内容应包括:(1)每个模块和单元提供相关知识的介绍以帮助民警了解活动背景、重点和难点等;(2)每个单元提供具体操作环节以便民警组织活动时有章可循。结构化、规范化模块和单元操作细则的提供可以做到以下几个方面:(1)尽量避免因项目执行民警缺乏足够的培训或专业知识影响矫正效果;(2)尽量避免因民警学历教育、从警经验的差异,或民警的替换等造成一人一项目,确保项目执行的一致性、可靠性和持续性;(3)为今后标准化的项目过程监督和效果评估提供可能。

需要注意的是,任何罪犯干预项目的有效进行都需要监狱管理层的支持,监狱管理层在罪犯干预项目的设计和实施中需要做到以下几点。

1. 成立专业化的项目组

干预项目由监狱民警提供应成为我国刑事司法体系有意识的项目实施原则。监狱民警熟悉监狱环境、刑事政策、监规纪律以及存在于罪犯群体中的各种亚文化等,因而他们在掌握和理解干预内容和流程后更容易达到干预目标。而且民警在执行项目的过程中不仅培训了罪犯习得各种改变扭曲思维和行为的技能,同时也反过来促进民警自身的反思和技能提升,进而更加强化民警的矫正角色。为了达到民警队伍的职业化和专业化,在循证矫正工作推进初期需成立项目组,而且项目组成员应只负责干预项目的计划和实施,不介入罪犯的日常管控工作。通过项目执行,民警与罪犯保持一定的距离以树立权威,避免罪犯因担心考核分数等利害关系或对监管民警抱有不满等负面情绪而影响其在干预过程中分享的意愿和项目执行效果。

2. 宣传项目的重要性

只有监狱管理层自上而下宣传罪犯干预项目对监狱运行尤其是对罪犯行为管控的重要性,明确项目对监狱的价值和效果,支持并投身于项目的设计、监督、评估和完善中,才可能确保项目能够一致、持续、完整的得到执行。监狱管理层应确保:(1)项目组在项目执行过程中不受监狱日常劳动、学习或其他事务的干扰;(2)协调监狱各部门以帮助项目组获得所需信息和资源;(3)把项目的执行纳入监狱日常工作的一个部分;(4)项目干预在一个宽松、安全的环境中进行。

3.培训项目民警

项目执行的成功与否与民警的知识量和技能成正相关。项目实施民警需要一些基本的技能培训，以帮助他们更好地组织活动、应对各种突发情况（如执行过程中干预对象的质疑、反问等）、取得干预对象和监狱的支持等。一般应每年对民警进行至少为期一周的培训，内容涵盖：

（1）有关国内外最新的循证矫正项目知识的培训；

（2）有关国内外最新的罪犯认知行为疗法知识的培训；

（3）有关熟悉和掌握各项目、模块和课程内容的培训；

（4）有关实践工作与本手册相关内容不一致或条件不允许执行时该如何应对、如何改善活动效果等内容的研讨。

二、罪犯认知行为干预项目案例——抗改犯的干预

（一）项目背景

监狱中部分罪犯，特别是长刑期犯、"三无"犯、超短刑期犯等，对民警和监狱表现出较为明显的对抗情绪和攻击性言行，在劳动或学习中表现为不服从或唱反调、行为规范意识差、试图控制他犯和民警。对于其他服刑人员而言，有的会模仿令民警和监狱束手无策的言行，有的则会因感觉人身安全受到威胁而无法安心接受改造；对于干警而言，抗改言行是对其权威的挑战，如果没有有效应对手段，许多罪犯教育转化工作就无法正常开展，从长远看也会降低民警工作满意度、对监狱的忠诚度等。对于被定性为抗改的罪犯，一些监狱会采取单独监禁、调离到其他监区或是其他监狱等惩罚措施予以管控。但是应该认识到这些外在控制、身体处罚等手段对于减少敌对态度和行为的效果只是暂时的，而且这些环境的运作与管理成本往往较高。需要注意的是，限制性环境对抗改罪犯有比较显著的负面影响，存在激化其敌对态度和行为的风险。以暴制暴治标不治本，需要针对此类罪犯就其愤怒情绪（反社会态度）、交际与问题解决能力缺陷（反社会人格）、信息处理能力缺陷（关系不稳定）、共情缺陷等进行干预，改变其扭曲/错误的思维和行为，习得亲社会思维和行为，使其自己有改变的意愿和能力。

（二）抗改犯干预项目的设计

相比一对一的心理咨询或个别教育谈话，西方罪犯循证矫正更重视对干预对象开展基于认知行为疗法的团体活动，其优势是：（1）节省警力，降低提供矫正项目的成本；（2）让参与者从有类似经历的人中获得认同感；（3）分享和讨论能激发更具创造力的思维和行为；（4）通过参与者之间互助达到自助。根据监狱现实条件，结合中国传统罪犯教育转化手段和认知行为疗法设计团体活动内容、难

点、注意点和原则。

1. 活动内容

抗改犯往往具有以下特点：（1）敌对心理强：对社会及监狱不满，在行为上表现为反抗、怀疑、消极、辨别是非能力差、无法客观全面看待事物。在改造中，排斥和抵触情绪表现强烈，甚至对抗监狱的管教活动。（2）悲观厌世心理突出：因刑期长，缺乏改造的积极态度，破罐子破摔，部分罪犯把自己封闭起来，拒绝与他人接触。（3）情绪不稳定、易冲动：缺乏对自己和他人的责任感，自控能力差，突发性强（时奇文，李秋香，2008）。针对这些特点，抗改犯干预团体活动共设计了10 次课程：（1）场的建立；（2）自我认知；（3）抗改认知；（4）辨别愤怒；（5）情绪控制技巧；（6）情绪控制步骤；（7）抗改思维认识 1——接受现实；（8）抗改思维认识2——尊重他人；（9）抗改替代行为；（10）回顾与展望。活动目标是减少学员（以下参加干预项目的罪犯统称为学员）的对抗情绪和违纪违规行为，增强民警和罪犯的安全感，降低狱内风险。

2. 活动难点

抗改情绪强烈的罪犯可能不太愿意参加团体活动。他们往往对民警多疑、不信任，表现出明显的抵制。在活动过程中，他们可能也不愿意谈论自己的犯罪细节或在活动场所讨论自己的弱点或情感，以避免使自己处于易受攻击的境地。另外，由于这些罪犯的对抗性比较强，对他犯、民警、监区或监狱的不满或抱怨也会特别外显，需要活动执行民警谨言慎行。

3. 活动注意点

由于学员的犯罪史、监狱封闭的环境、民警和学员权力差异等因素影响，在团体活动过程中，项目执行民警与学员的互动不可能按照项目设计处于理想状态，学员的言行可能超出预期。为了保障项目效率和监狱安全，民警需要对各种可能性做出合理预判，必要时应采取相应预防措施。

（1）项目执行过程中民警应始终认识到自己是活动的组织者，不是管理者；是协助者，不是控制者；表现尊重和认真；保持中立和客观；与学员建立富有关爱、同情、温暖和肯定的同盟关系。民警可以采用以下手段鼓励和支持学员：

①一般鼓励："请继续"、"你看起来需要找人谈一谈"；

②表明愿意倾听的意愿："愿意跟我们聊一聊吗？"；

③在提出问题后提供足够的时间让学员回答。

（2）针对抗改情绪或暴力倾向较为严重的罪犯，在干预项目执行初期，可以考虑主要针对罪犯中有意愿参加团体活动的群体，由他们自愿申请，并给以适当奖励，以确保团体活动中民警和所有学员的安全。

（3）中国目前许多监狱只要有罪犯的现场都已达到监控全覆盖。在活动初期告知学员该摄像只在发生争议、骚乱或其他重大事项时才会有其他民警、管理层、监督员等查看,在保障项目学员隐私的同时确保有据可查。

(4)在团体活动过程中,学员可能会有以下不当行为:

①违反团体活动纪律;

②对他人有言语或行为侮辱;

③暴力言行;

④明显的抵抗言行;

⑤对民警和他犯的控制企图;

⑥自残倾向等。

民警可以忽视学员的一般小动作(如与他人聊天、自言自语等);明确要求学员按照原定活动计划进行;打断学员妨碍活动进程的言行;(4)停止活动,采取相应或紧急应对措施。

4.活动原则

抗改犯干预团体活动的组织和开展应遵循以下原则。

(1)以 6～8 人一组为宜

团体活动人数以 6～8 人为宜,不宜超过 10 人。控制学员人数的目的是确保每个学员都有参与讨论和实践的时间,同时也便于民警对活动过程和安全的控制。团体活动时建议围成圆形而不是 T 型就座,以便形成讨论而不是听报告或指示的氛围,而且每次活动注重赋予学员自主选择座位的权利。学员的学习能力、沟通能力、心理/精神状态等会影响项目的进行,因此,心理测试被诊断有精神障碍或学习/沟通能力极低的罪犯不属于干预对象。

(2)活动时间以 1.5～2 小时为宜

活动时间如果太短会使学员没有充分分享、实践的时间,而如果时间太长,不仅考验民警的活动组织能力,也会妨碍学员的学习、劳动和休息时间,进而对活动产生反感。在活动过程中,如果发现个别学员不善言语或分享较少,民警应注意鼓励他们发言,不能因其他学员的积极参与使活动顺利进行而忽略了这些学员。

(3)民警资质

提供团体活动的民警不一定是心理学、认知行为、暴力干预等领域的专家,但应具备:①与学员建立同盟关系的热情和意愿;②清晰表达能力;③较强的人际沟通和应变能力;④在实践过程中不断反思、改进项目、模块和课程的兴趣和意愿。在监狱进行项目干预初期,可先由具有心理咨询师资格或有多年从警经历、对罪犯转化教育有实践经验的民警执行,以便有效应对活动过程中罪犯的沉默、抵抗和其他突发状况。

（4）民警引导和学员引导穿插

在活动过程中，民警不要以演讲或说教的形式填鸭式地教育学员，应注意控制自己的发言时间，明确自己是活动的组织者、引导者、协调者的角色，形成以学员分享为主的氛围。在活动一段时间后，民警可根据观察选择1~2名学员作为活动辅助人员，让他们协助引导和帮助其他学员参与活动和完成任务。需要注意的是不能让其他学员感觉到这些活动辅助学员享有特权，否则就会使活动和项目的效果大打折扣，甚至功亏一篑。

（5）遵守保密承诺

在不涉及学员或其他罪犯自杀、脱逃、暴力、犯罪倾向或行为相关信息的前提下，民警为小组成员分享的隐私严格保密是获得学员信任和项目执行成功的前提。

（6）多元化方法

马斯洛需要层次理论认为，每个人都有情感和归属以及尊重的需要。中国传统各项罪犯教育转化活动的形式和内容往往比较严肃，如何引导学员放开戒备心理，参与到分享和讨论的过程中是项目成效取得的关键。在团体活动中采用多元化的方法（如自我陈述、他人点评、小组讨论、游戏、案例分析、情景模拟等）有助于让学员在不同形式的活动中体验轻松的氛围，从而能放下戒心，彼此更加熟悉，学会分享。多元化的方法也使团体活动能够同时具备挑战性、教育性和娱乐性。

（7）互助与自助

鉴于我国监狱许多在押罪犯的文化教育程度偏低，民警在小组活动中应接受学员学习风格的多样性，也要提醒小组成员不要歧视有诸如学习能力较弱、性格较为内向、不善表达的学员，以确保每个学员都能感受到尊重和重视，并鼓励小组学员之间通过互助达到自助。

（8）强制与自愿

国外矫正项目强调让罪犯自愿参与项目的原则，但也不可避免带有强制的意味。例如有些监狱在安排罪犯参加干预项目时，明确要求不愿参加的罪犯签署自愿放弃的声明陈述，表明已了解不参加项目的后果，即：①其拒绝参加项目会在假释委员会考虑其假释时作为参考依据；②其拒绝参加该项目后将不会再提供类似机会。我国监狱也可参考此种强制与自愿相结合的做法。在一定的强制前提下给予抗改罪犯选择权。这有助于提高学员参加项目的积极性和配合意愿，减少项目过程中学员的阻碍或抵抗。

（9）恩威并施

循证矫正强调根据干预对象表现正向鼓励和反向惩罚的有效结合。正向鼓励可以增强干预对象学习的内在动机，西方研究表明4个正强化和1个负强化的组合是促进行为改变的最佳组合。

正强化：各监狱可根据条件提供诸如考核加分、增加亲情电话/会见权、在监狱超市购物、减刑/假释的机会、在有他犯或其他民警在场的情况下表扬其最近的进步、在总结会中点名表扬、在内部报刊中登载其所做的努力和进步等奖励。

负强化：①取消活动参与资格。如果某位学员多次违反团体活动纪律、扰乱活动秩序，项目负责民警有权利陈述理由而要求取消其团体活动的参加资格，确保民警在活动执行过程中的权威。②因违纪等行为被取消活动参与资格的行为应入档，在该学员申请减刑、假释时予以适当考虑。③采取减少亲情会见和电话、单独监禁等惩罚措施。

（10）资料的收集与整理

每次活动结束后都应做到事后有记录（见表 4-1），目的是：①总结经验：反思如何更有效地组织活动、提问、应对等以提高学员的积极性、改善活动效果；②进行监督：对活动的监督和反馈是项目有效开展的必要手段；③完善项目：供研究者和项目设计者查阅以便了解哪些模块在监狱语境下难以执行，或是哪些环节需要改进等信息，以便修改、完善项目的设计。

表 4-1　团体活动表现记录

项目名称：抗改犯干预项目　　　　　　　　　　　　　　学员姓名：＿＿＿＿＿＿

阶段	明显抵触（－2）	沉默不耐（－1）	表现普通（0）	讨论有序（1）	讨论热烈（2）
初期(约进行 5 分钟)					
中期(约进行 15 分钟)					
后期(约结束前 5 分钟)					
效果最佳的环节					
难以实施的环节					

目标达成主要阻碍

解决阻碍建议

责任民警：　　　　　　　　　　　　　　日期：

备注：在相应栏目下打钩。明显抵触计－2分，沉默不耐计－1分，表现普通计 0 分，讨论有序计 1 分，讨论热烈计 2 分。

另外,项目执行民警应对每次活动中小组成员的表现进行计分(见表4-2),并让学员知晓每次活动的得分。定期、及时的反馈可以帮助学员了解民警对其行为变化的关注与评价程度,从而有助于激发学员的活动参与积极性。

表 4-2 团体活动学员计分卡

学员姓名＿＿＿＿＿＿

日期	明显抵触 (−2)	沉默不耐 (−1)	表现普通 (0)	讨论有序 (1)	讨论热烈 (2)
月 日					
月 日					
月 日					
月 日					
月 日					

备注:在相应栏目下打钩。明显抵触计−2分,沉默不耐计−1分,表现普通计0分,讨论有序计1分,讨论热烈计2分。

(三)抗改犯干预活动案例

针对抗改犯的干预共设计了10次活动,限于篇幅,在本章节中只提供辨别愤怒(课程4)和抗改替代行为(课程9)两次课程内容。

课程4:辨别愤怒

课程4目标:如果负面情绪较为严重、过于频繁或表达不当就会成为问题,还会导致许多健康问题,例如心脏疾病、身体免疫力下降等。从健康的角度看,学员们应该认识、反思和控制愤怒,改变对人际矛盾的消极看法,学会讨论愤怒的经历、辨识诱发因素,运用愤怒控制技巧,学会自我控制。本课程的目标是帮助学员:(1)判断愤怒的外在和内在诱因;(2)辨别愤怒发作的信号。

课程4使用材料:活动5、表4-3。

课程4环节设计:

(1)打招呼

可以说:大家好,今天是我们的第×次小组活动。欢迎大家。

(2)心情分享

可以说:今天谁来跟大家分享故事、最近发生的事情或感觉?

(3)回顾与导入

可以说:在上次活动中我们……今天我们要聊聊愤怒。如果负面情绪积累到一定程度,就会升级成愤怒。愤怒的情绪对自己的身体是有害的,而且愤怒的言行如果表达或表现不当,不但给周围的人带来伤害,也会导致一些意想不到的负面后果。

（4）活动5：合作绘画

活动内容：把学员分成四人一组，每人一支不同颜色的水笔。要求各组根据小组成员水笔的颜色，决定绘画的内容，然后拿着各自的水笔开始合作作画。

活动目标：帮助学员根据现有条件团队合作完成一件事情，让他们认识到生活中许多事情也是条件有限，关键是如何有效利用现有条件去解决问题、达成目标。

（5）讨论愤怒经历

让每个学员谈论曾经让他们感到愤怒的事情。

可以说：你们能不能回忆自己印象比较深刻的发怒的情景？（时间、地点、人物等）

（6）分析愤怒的原因

让学员讨论导致愤怒情绪的原因。通过赋予愤怒以意义，帮助他们了解如何控制愤怒。

可以说：还记得当时是什么让你们感觉特别愤怒，觉得无法接受？

可以说：你们觉得引发愤怒情绪的主要原因是什么？

提示：一般造成愤怒的原因主要是：受到伤害（精神或肉体上的）、习惯（一直采用发怒的方法解决问题）、自我保护（应对危机）。

可以说：你们觉得自己是属于哪一类？为什么？

提示：民警在此环节应帮助学员认识到他们在对于导致愤怒的因果关系构建上有何问题。例如：如果一个人认为监管民警因为不喜欢他/有猫腻等而不给他加分，让他感觉愤怒。此时，民警应该指出这种推理可能是错误的。

（7）辨别愤怒的信号

可以说：大家聊一聊你们觉得自己要发怒时有没有什么信号或者说是有什么预兆？

提示：Reilly & Shopshire(2002)把愤怒的信号分为四大类：①身体信号：感到愤怒时出现的身体反应，例如心跳加快、感到燥热和脸红等；②行为信号：感到愤怒时出现的行为，例如握紧拳头、踱步、摔门或提高嗓门等；③情感信号：伴随愤怒的情感，例如感到被抛弃、害怕、不受信任、不被尊重、内疚、受到侮辱、不耐烦、妒忌或不安全感等；④认知信号：在应对引发愤怒事件时的想法。例如用某种特定的方式解释事件，把他人的评论认定为指责，把有些行为认定为控制、侮辱等。

（8）讨论愤怒表现和结果

可以说：当时你们感觉特别愤怒时做了什么？

提示：言语：辱骂、侮辱、威胁、恐吓等。

　　　　行为：吵架、打架、伤人、杀人等。

可以说:发泄愤怒后有什么感觉,是感觉更好一些还是更糟了?

(9)寻找替代方案

让学员互相点评其他学员发怒的内部和外部原因,讨论代替愤怒言行的方案。

可以说:现在觉得当时除了发火、吵架、诉诸暴力等以外有没有更好的办法?

可以说:大家觉得他们提出的方案有效吗?

可以说:现在想想当时其实没有必要那么恼火? 自己是不是反应过激了?

(10)用"如果……"造句

可以说:现在请大家用"如果……"造句,说说如果自己当时能够控制愤怒情绪,有哪些事情可能会是不同的结果。

(11)填写我的愤怒等级表(见表 4-3)

要求学员填写表 4-3,帮助学员认识自己目前的情绪状态。这也有助于监狱收集学员愤怒情绪的相关信息。

可以说:如果让你给自己现在的愤怒情绪级别打分(1~5 分),你会打几分?

表 4-3　我的愤怒等级

学员姓名_____

等级	1	2	3	4	5
得分					

备注:在相应栏目下打钩,1=几乎不太生气;2=偶尔有点生气;3=感到有点愤怒;4=感到相当愤怒;5=感到非常愤怒。

注意:再次向学员承诺保密。

(12)民警总结

可以说:今天我们大概讨论了愤怒的原因、信号和后果,也给自己的愤怒等级进行了大概的评估。如果你的愤怒等级比较高,希望回去后思考一下你对什么感到愤怒,为什么会愤怒。希望大家在日常生活中,能够分析我们愤怒的情绪与其原因之间关系的构建是否合理,反思如果无法控制愤怒,会有什么样的后果出现。

(13)民警结束语

可以说:人生没有后悔药,也没有那么多的"如果……",我们能把握的是今天和未来。对过去愤怒情绪的反思以及对自己目前愤怒情绪等级的评估有助于我们了解自己的感受和今后的情绪控制。今天谢谢大家的参与和分享,下次活动再见。

课程 9:抗改替代行为

课程 9 目标:本课程帮助学员分析自己对他犯和民警采取攻击言行的目标是什么,讨论替代行为的方案,学习冲突解决步骤。

课程 9 使用材料:情景模拟Ⅳ、表 4-4、步骤Ⅳ。

课程 9 环节设计:

（1）打招呼

可以说：大家好，今天是我们的第×次小组活动。欢迎大家。

（2）心情分享

可以说：今天谁来跟大家分享故事、最近发生的事情或感觉？

（3）回顾与导入

可以说：在上次活动中我们……今天我们来聊聊除了对抗言行以外，是否有其他的替代方案可以解决我们的问题。

（4）行为效果讨论

可以说：人说什么话、做什么事往往会产生什么样的效果。请大家聊聊你们的抗改言行想要达到什么目标？目标达到了吗？

可以说：大家再来讨论一下有没有除了对抗言行手段以外能够达到目标的方法？

（5）情景模拟Ⅳ

让学员2人一组模拟以下情景，并设计用对抗言行以外的方法解决情景中所涉及的问题。

情景11：A因为考核分被减觉得不公，去找民警讨要说法，民警回答说他没空，以后再说，A很生气。

情景12：B觉得牙齿很痛吃不下饭，找民警谈，希望能安排看牙医，民警让他再忍忍。

情景13：C与劳动小组组长有矛盾，自认为该劳动组长处处刁难他，去找民警想换个劳动小组，民警不但没同意还把他骂了一顿。

情景14：D在上课期间看小说被监管民警点出来扣了分。D觉得很愤怒，因为很多人都在看，为什么偏偏扣了他一个人的分数。

提示：①告诉自己他人的想法、感觉和信仰体系也是重要的；②在尊重他人的前提下积极主张自己的权益。

（6）分享

可以说：大家过去或最近是否有成功避免与民警冲突的经历，能不能跟大家分享你们是如何做到的？

（7）填写我的对抗情绪等级表（见表4-4）

要求学员填写表4-4，以便对学员在几次活动后的对抗情绪变化有所了解。

可以说：如果让你重新给自己的对抗情绪打分，1～6分，你会打几分？

表 4-4 我的对抗情绪等级

学员姓名_____

等级	1	2	3	4	5	6
得分						

备注:在相应栏目下打钩,1=没有对民警不满过;2=偶尔有点不满,但很快就好了;3=对民警感到有点不满;4=对民警感到相当不满,无明显对抗言行;5=对民警感到非常不满,有明显对抗言行;6=与民警对着干。

注意:再次向学员承诺保密。

(8)民警总结

可以说:在与民警可能发生冲突的情况下,大家可以按照下面介绍的6步走。

步骤Ⅳ:冲突解决的步骤如下。

①判断问题是什么;

②判断自己的想法、感觉;

③判断他人想法和感觉;

④预测如果处理不当的后果是什么;

⑤考虑有哪些解决方案;

⑥决定最佳解决方案。

(9)民警结束语

可以说:改变是有可能的,即使外在的改变有限,内在的改变还是可能的(萨提亚语录)。今天谢谢大家的参与和分享,下次活动再见。

三、项目成效的评估

目前我国衡量干预项目是否有效尚存在许多困难:(1)由于罪犯刑释后的区域流动性等原因,难以长时间跟踪罪犯是否再犯;(2)虽然某个罪犯不再犯罪或在狱内不再自杀、脱逃或诉诸暴力等行为是由于干预的结果,但也可能是由于其他因素的影响,例如亲情支持、申请减刑、假释、调监顺利等;(3)缺少科学的测量工具,即使能够做到跟踪调查,也很难确保被跟踪调查的罪犯不再犯罪能够代表并证明项目的成效。西方许多国家判断某个矫正项目成功与否主要是通过再犯率的升高或降低,但多样化的反馈与评估手段符合我国目前的实际情况。一方面我国在短时期内还未在监狱内真正实行项目干预,即使有干预项目,也还未形成标准化的操作流程可供复制与检验;另一方面,我国的监狱民警一直都通过罪犯自述或狱内行为变化来判断干预有效与否,这种判断手段是否完全不具科学性也尚存疑虑。

我国目前可以进行项目中期和长期两次评估以确保项目的问责制和完整性:(1)中期评估。学员需要得到对他们的努力和改变的认可和鼓励,而项目负责人员也需要对项目的执行情况获得持续的相关反馈,以考虑项目执行的可行性以及是否有调整强度和周期的必要性。例如对参加狱内暴力行为干预项目的罪犯进行中期评估，如果干预对象各方面表现出较好的态势，可以适当降低外围包夹控制的强度，并安排其参加一些文体活动或是改变工种等，使其感受到其行为变化带来的正面、积极的效果。这有助于干预对象更加积极地参与项目，促进变化的维系和巩固。(2)长期评估。项目效果的评估可以通过与对照组的比较来判断干预是否有效，例如参加干预项目的罪犯与未参加项目的罪犯相比是否有更低的在囚风险或再犯风险等。干预项目经过中期和长期评估不断调整、优化各项目、模块和课程的内容与组合，有助于持续开发出更加符合我国国情和监狱语境的高风险罪犯干预项目。

第三节　艺术矫正项目

一、艺术矫正的意义

艺术矫正是监狱民警整合多种艺术形式，并以此为媒介给干预对象带来改变的一种疗法。艺术矫正强调艺术创作与表现的治愈性，通过多种艺术形式的整合，如线条绘画、色彩绘画、雕塑、制陶等视觉艺术形式使参与者在表达性的创造活动中得到康复，除了视觉的艺术形式之外，还可以将音乐、舞蹈、戏剧、诗歌、写作、运动等创造性活动整合在一起。艺术矫正的基本原理是通过表现和塑造具有矫正作用的新的表现形式来完成矫正。艺术矫正通过这些活动形式让服刑人员身处于一个支持性的氛围之内，把自己的情绪表达出来。所有源于深层情绪的艺术形式都会为自我发现和自我洞悉提供一个媒介。艺术形式是内心体验的外化形式，这些外化形式使难以捉摸的内在体验变成可以看得见的和触摸得到的外在形式，从而达到交流的目的。所以说艺术形式是一种独特的心灵语言。艺术矫正就是通过创造过程来唤醒创造性的生命力能量，从而取得矫正效果。

二、艺术矫正的特性

(一)表现过程具有高度的整合性

艺术表现的过程包括创造，而创造的过程本身具有高度的整合能力。与言语性治疗一样，艺术矫正与干预对象共同处理情绪问题和行为问题，只是艺术矫正运用了人格中那些更加自由的部分来帮助自我成长。创造过程是一个充满趣味的、生动的、多维度的学习过程，包括感觉、知觉、视知觉、肌肉运动知觉、概念、情绪和虚拟能力等的学习，这个学习不是单一地进行，而是整合地进行。在矫正背景下的学习就是自我整合的过程，而创造过程的完成不仅意味着多种维度学习的完成,而且意味着自我整合过程的推进。

(二)艺术是表达自我的独特的语言

爱德华(Edwards,1986)声称,绘画是一种语言方式,这种语言方式与言语性语言并存,也是最简洁的非言语性语言。用艺术表达心灵,不存在语言表述的种种局限,因而更能传达思想和感情。除此之外,艺术表现过程最令人难忘的一面在于它具有的创造性是取得或恢复心理平衡的最佳手段,因为疗效的一部分就是唤起有创造性的生命力,所以,文献中又称之为创造性艺术疗法(creative art therapy)。

(三)表达过程本身就是治疗的过程

艺术矫正师知晓,艺术过程不仅卷入了线性、逻辑性思维,还能唤起直觉性的、想象性的思维过程,而情感过程往往是非逻辑性的,意象的创造成为来访者进行自我表达和与外界交流的另一条有效通道。芭芭拉·嘉宁(Barbara Ganim)著有《艺术与康复》一书,阐述艺术表现过程对身心的治愈能力。在艺术矫正中,干预对象在矫正民警的指导之下,通过一系列的创造性活动,视觉的图像、韵律性的舞动、声响的模拟、写作与戏剧等接近内心世界,发现深层的情感。整个矫正过程不牵涉艺术审美、写作的文法或声响符合和声学与否等问题,所有的艺术形式的唯一目的就是释放、表现和化解。意象或其他艺术形式的生成是要建立意象与内心深处的联系,查找问题,洞悉问题的成因,表达内部情感。他们借助声音、线条、图形、色彩等艺术语言接近自己的内心体验,表现自己的躯体、心理和心灵不适与创伤。然后,以这个意象、律动为基础,治疗师可以倾听患者对意象的探讨与分析,从而进入患者的精神世界。矫正民警与干预对象的关系坚固之后,可以指导他们想象一种积极的可以克服前面问题的图像、色彩的新意象,通过练习创造新意象。当新的意象产生时,干预对象学习建立新的方式来替代旧意象并克服或战胜旧有的问题,从而完成矫正的过程。

(四)艺术矫正帮助整合不协调的情感

如果罗列一下人的情感体验就会发现情感具有双极性,如爱与恨相对,强与弱相对,紧张与松弛相对等。面临心理困境的个案,或者需要了解和接纳内心的负向情感,或者需要体验那些欣喜与满足。总之,当那些荣格所谓的"阴暗面"(Shadow)被意识拒之门外的时候,个案的内在世界与外在世界出现严重的差异。每个人都有拒绝、否认、压抑的意识内容,这些内容常常会被认为具有毁灭性或罪恶冲动。要是这些"阴暗面"不显现,就需要消耗巨大的心理能量。用非伤害性的手段将这些"阴暗面"表现出来,接纳、表达和释放出来,可以有效防止它们转变成一种可怕的毁灭性力量。但是,在艺术矫正中,矫正民警与干预对象共同冒险触及潜意识层面,抵达那里时却发现了无数的珍宝。发现那些未知的部分就意味着可以将它们整合在人格里,从而使个体变得精力充沛、充满热情,人格完整统一。通过表现性创作,可以安全有效地触及愤怒、恐惧、羞耻、孤独及深深的抑郁情绪,再将这些感受用意象、声音、动作等有形的视觉形式表现出来,这些情感背后的力量就可以成为一种推动力,从而带来巨大的改变。当人们对那些情感持接受的态度时,就已经开始告别冲突,走在康复的道路上了。内心的统一与人格的完善就是矫正的目的。

三、艺术矫正在当前监狱矫正中的应用与成效

当前,以文化艺术为主要展示形式和承载载体,监狱系统的监区文化建设百花齐放,有声有色。浙江省第一监狱的"动漫"文化艺术,将服刑人员对改造的体验和领悟与活泼可爱的动漫文化相结合,通过心理剧的形式加以展示,让服刑人员在创作、表演、观赏的过程中,从不同维度感受动漫文化艺术之美。浙江省南湖监狱的"湖笔"文化,吸纳湖州湖笔制作文化元素,组织服刑人员学习毛笔书法创作,让服刑人员在一横、一撇、一捺中抒发心意、展示自我、荡涤灵魂。浙江省十里丰监狱的"南孔"文化,通过诵、唱、写、演、奏、编等艺术表达形式,弘扬传统儒家文化,引领和谐诚信改造之风,形成了监狱建品牌、监区打名牌、分监区创特色的艺术矫正格局。以下以浙江省十里丰监狱为例,介绍艺术矫正在监狱教育改造中的应用与成效。

（一）艺术矫正在监狱矫正中的应用

1.上下齐动,文武并行,雅俗相融,多层面活化艺术矫正载体

浙江省十里丰监狱充分贯彻实施"监狱建品牌,监区打名牌,分监区创特色"的工作思路,上下齐动,倾力创建了全面、深入、高效艺术矫正模式。监狱以传统儒家文化作为艺术矫正的内核,以构建南孔文化品牌为有力抓手,2013 年、2014年,分别以"孝文化"、"诚信文化"为主题,在分监区、监区、监狱三个层次开展服刑人员主题演讲、主题征文、主题文艺晚会。在全体服刑人员中开展"三个十"活动,即要求每名服刑人员会讲十个成语典故,会唱十首励志歌曲,会背十句儒家经典。监区充分发挥主观能动性,结合各自实际情况,打造艺术矫正文化的名牌,涌现了一大批精彩纷呈、深受欢迎的节目。如:二监区的舞龙、舞狮节目,三监区的踢踏舞,四监区的江山手狮舞,五监区的威风锣鼓,九监区的合唱和"新岸"乐队,十监区的太极拳和功夫扇等。各分监区也纷纷成立了众多的兴趣小组,如口琴、葫芦丝、笛子、二胡、书法等。

监狱艺术矫正的项目有文有武、有雅有俗,品类繁多,充分满足了各类服刑人员的改造需求,也为监狱民警的矫正需要提供了众多的选择。如:个性自卑、不善交际的服刑人员,矫正民警针对性组织其参加合唱小组活动,让他们在合唱活动中展示自我,增进人际互动,增强自信;脾气暴躁的服刑人员,矫正民警组织

其参加书法班,让他们在一笔一画中磨砺自己的性格,化解内心的戾气;年纪大的服刑人员,为满足其身心需求,可以学打太极拳,既安全又养心;年纪轻的服刑人员,可以参加街舞、健身操等活动。总之,几乎所有有需求的服刑人员都能找到适合自己的文艺兴趣活动。

2.挖掘一部分,培养一部分,请进一部分,多渠道培育艺术矫正队伍

队伍是工作的根本。为了培育一支业务素养精良的艺术矫正团队,满足监狱矫正工作的现实需要,监狱秉持"依靠自身,依托社会"的工作思路,注重挖掘培养内部人才,整合依托社会资源,构建多渠道队伍培育模式。监狱一方面从民警队伍里发掘有各类艺术特长的人员,聘为监狱艺术矫正民警,担任各个文艺兴趣班、兴趣小组的艺术指导,既发挥他们的专业艺术特长,做到才尽其用,又让他们在工作中找到自身的价值感。另一方面,监狱选派部分民警参加社会专业机构举办的各类艺术培训班,壮大艺术矫正队伍的同时,提升队伍的艺术素养。2013年和2014年,监狱先后选派42名民警参加了编舞、吉他及乐曲指挥培训,取得了较好的效果。同时,监狱还与衢州市文化馆、江山市文化馆及龙游县文化馆等社会机构结成共建单位,定期邀请老师来监指导,将监狱文化艺术和地方文化传统有机结合,创新和丰富了监狱文艺形式和内涵。

3.建设新场所,购进新设备,盘活旧资产,多方面强化艺术矫正设施

不同的艺术讲究不同的情境和氛围,因此需要不同的环境进行映衬。为了给艺术矫正创建可用、能用、够用的场所和设施设备,监狱从三个方面着手,强化艺术矫正设施建设。一是斥资400多万元,新建四、八、十二监区运动广场,计80000m²,扩建三、十一监区运动广场40000m²,新建团体活动场所3个,音乐冥想室5个,画室2个,合唱排练室2个。二是根据服刑人员开展艺术矫正需求,斥资50余万元,采购了大批文艺器械器材,包括笛子、口琴、二胡、毛笔、铜管乐器、葫芦丝等。三是对监狱原有闲置的场所和设施进行翻新和维修,重新加以使用。对九监区弃用的教学楼进行重新装修并投入使用,对五、七监区老旧教学楼进行维修翻新,对音响设备和照明设备进行了维修。

4.健全组织,完善制度,拨足经费,多维度加强艺术矫正保障

为保障艺术矫正工作的顺利实施,监狱从三个方面着手,着力加强艺术矫正工作保障。一是加强组织建设。监狱循证矫正工作小组指定专人,分管艺术矫正工作计划的制订、实施与检查考核,监区分管改造领导负责艺术矫正工作具体方案的制订与实施,分监区由艺术矫正民警负责具体工作任务的执行与落实,形成监狱艺术矫正三级工作机制,确保艺术矫正工作的有效运作。二是完善制度建设。监狱调研制订颁发《服刑人员艺术矫正实施办法》,从组织领导、工作职责、队伍建设、绩效考核等方面对艺术矫正工作加以规范,为艺术矫正工作的规

范实施提供制度保障。三是加强经费保障。为确保艺术矫正工作顺利开展,监狱每年年初从教育改造经费中列支不低于 50 元/人,用于各监区添置艺术矫正设施和组织矫正活动。若出现经费不足情况,经监狱循证矫正工作小组审核,可报监狱领导另行予以解决。

(二)监狱艺术矫正取得的矫正实效

1. 拓展了监狱教育矫正手段

管理、教育和劳动是监狱矫正罪犯的三大传统手段,多年来监狱民警依靠传统手段对成千上万的服刑人员实施了富有成效的矫正和改造。然而,随着社会的快速发展,监狱监管形势已经发生了重大变化,监管对象情况日益复杂,监管改造标准益发高上,传统罪犯矫正手段受到了新的考验和挑战。艺术矫正一方面可以看作是对监狱传统矫正手段的继承和提炼,另一方面也是在新监管改造形势下监狱矫正手段的创新和发展,对拓展监狱教育矫正手段,提升服刑人员教育改造质量有着重要意义。

2. 满足了服刑人员改造需求

针对犯因性需求开展矫正是监狱循证矫正的原则之一。为充分发挥服刑人员参与改造的主观能动性,最大程度呈现循证矫正工作成效,监狱在实施矫正时必须把罪犯的改造需求置于重要位置。艺术作为一种人们喜闻乐见的文化形式,也被许多服刑人员所接受和喜爱。因此,将艺术作为对罪犯实施矫正的载体,是监狱改造的明智选择。一方面是基于艺术被服刑人员的广泛接受程度,另一方面是基于艺术的特殊矫正价值。艺术自身所具有的表达性、创造性和整合性等特点,可以让矫正民警和服刑人员的心灵之间架构起一座沟通的桥梁,轻松抵达服刑人员的心灵深处,从而帮助矫正民警轻而易举地找到服刑人员的改造需求,在轻松和谐的氛围下对其实施有效的矫正。在这个意义上可以说,艺术矫正是满足服刑人员改造需求的一条捷径。

3. 促进了监管改造秩序稳定

监狱的国家职能定位决定了服刑人员的监禁生活处于一种痛苦的、高压的受束缚状态。这种状态对达成矫正目标存在一定的负面影响,从而对监狱监管安全形成了较大的阻碍。通过实施艺术矫正,一方面可以较大程度地宣泄积压在服刑人员内心的消极改造情绪,安抚和稳定服刑人员的改造心理,同时帮助服刑人员在艺术表达中认识和觉察自我,修复和完善自我表达的社会功能,帮助他们学会如何合理地满足自身需求,帮助他们正常地进行人际交往,为他们的顺利改造乃至回归后的社会生活奠定坚实基础。艺术矫正的这些特有矫正职能的发挥,对维护监狱监管改造秩序的稳定是大有裨益的。

第四节　歌曲讨论技术

一、歌曲讨论概述

歌曲讨论是最常用的音乐治疗方法之一。简单地说,歌曲讨论就是治疗师和来访者一起聆听歌曲(或乐曲),然后就音乐所传达的内容、情感、体验和记忆进行交流和探索。歌曲是人类探索情感的方式,它编织着我们的喜悦和悲伤,透露出我们内心最深处的秘密,表达着我们的期望和失望、恐惧和成功,它表达着我们的信念和价值。

当一个人喜欢一首歌曲的时候,这首歌曲就一定与这个人的人格结构中某一部分、潜意识活动或深层次的情感发生了共鸣。于是对他而言,这首歌曲就不再是一个被欣赏的客体,而是自己内心世界表达的一个主体,是从他心里流淌出来的情感和旋律。借由歌曲传递出来的信息,从本质上来说,是无法用语言描述的,正所谓"只可意会,不可言传"。

按照歌曲讨论治疗的深度不同,可以将它分为三个层次:支持层次的歌曲讨论、认知行为层次的歌曲讨论及体验和潜意识层次的歌曲讨论。

(一)支持层次的歌曲讨论

这一层次歌曲讨论的特点是就音乐谈音乐,不牵扯音乐以外的任何内容(如与歌曲有关的思想观念、人生经历、深层次的情感或潜意识的内容)。治疗师与来访者或小组成员只是共同分享各自喜爱的歌曲的音乐之美,交流音乐所带来的情绪或审美感受,并不进行更深入的探讨或探索。

通过进行支持层次的歌曲讨论,可以有效实现以下治疗功效:

(1)减少社会性退缩和自闭,促进人际交往;

(2)促进与他人分享正确的社会技能;

(3)促进非语言层面的交流;

(4)缓解由于监禁环境所带来的单调枯燥感;

(5)缓解紧张与焦虑;

(6)控制冲动行为;

(7)恰当并成功地参与集体活动;

(8)增强团体凝聚力,将个体溶于团体之中。

(二)认知行为层次的歌曲讨论

认知行为层次的歌曲讨论技术就是利用对歌曲中歌词的讨论来引发来访者

对思想、观念、信念、价值观、人生观等认知方面的表达和思考。我们知道歌曲是音乐和文学的完美结合,也是情绪情感和思想认知的完美结合。歌曲的作者把情感的表达和思想的表达有机地融合在一起,让思想更具有情感的色彩,让情感更具有具体的思想意图。而音乐在其中的作用就是让情感和思想同时获得美的体验,进而更具有感染力和震撼力。对来访者所喜爱或不喜爱的歌曲的歌词进行讨论就是一个了解、探索、表达、交流和理解一个人的思想观念和人生信念的极好方式。换句话说,歌曲可以成为治疗师进入来访者思想观念和价值体系的一个快捷有效的工具,同时也可以成为来访者表达自己思想观念和价值体系的一个强大而有效的工具。在使用语言为基本工具的心理咨询过程中,咨询师常常为如何让来访者打开心扉、真实地表达自己的情感而苦恼,而在歌曲讨论中,治疗师却往往会发现要做到这些其实非常容易,因为音乐可以成为触及内心思想的催化剂。

通过进行认知行为层次的歌曲讨论,可以有效地达成以下治疗功效:

(1)增强语言表达思想和情感的能力;

(2)促进团体成员之间的思想交流和互动;

(3)分享和澄清价值观念,促进认知的改变和提升;

(4)解决当前面临的问题;

(5)意识到自己的行为问题,并促进行为的改变。

(三)体验和潜意识层次的歌曲讨论

当歌曲讨论的方法在体验和潜意识层面上进行工作时,我们首先要考虑到歌曲(音乐)与潜意识活动的关系。潜意识是人为了缓解自身焦虑而压抑记忆和欲望的结果,潜意识的活动具有无法用语言表达和描述但却能够在人的内心和情绪体验层面上强烈地被感受到的特点。在这个方面,人们对音乐(歌曲)的体验与对潜意识的体验有着惊人的相似,即能够清晰地感受到,但是却无法用语言来进行准确的描述。也就是所谓的"只可意会,不可言传"。我们甚至可以推论,音乐(歌曲)就是人类潜意识以声音作为媒介的一种表达形式,正如梦是潜意识以视觉作为媒介的一种表达形式一样。因此,当一个人表示他喜欢一首歌曲或者一段乐曲时,实际上就已经向我们展示了自己深层的内心世界和潜意识的活动。一个人喜爱一首歌曲或一段乐曲不会是没有缘由的,也不仅仅是由于某种审美的取向和价值观造成的,其中更为深刻的原因是这首歌曲或乐曲与其人生经历或深层的人格结构和情感需要产生了某些共鸣。

通过进行体验和潜意识层次的歌曲讨论,可以实现以下治疗目标:

(1)促进对自我人格的了解和探索;

(2)促进对自我深层情感的体验;

(3)探索潜意识的活动和内容；

(4)促进被压抑情感的表达和宣泄；

(5)促进内心冲突的解决和人格的迁善；

(6)促进团体成员之间深层次的相互理解和支持。

二、歌曲讨论在监狱矫治中的应用优势

(一)歌曲被接受的程度高

歌曲是深受大众喜闻乐见的文化艺术形式，无论是阳春白雪，还是下里巴人。无论是幼童，还是老者，都喜欢用歌曲来表达自己的喜怒哀乐、爱恨情愁。同样，在监狱围墙之内的很多服刑人员，在紧张枯燥的改造中，歌曲也是他们调节自己身心、丰富文化娱乐生活，以及抒情励志的重要渠道和有效形式。因此，在服刑人员中开展歌曲讨论的干预形式，比较容易被服刑人员所接受。

(二)歌曲讨论针对性强

改革开放几十年来，歌曲，特别是流行歌曲所表达的内容涉及了几乎所有的思想和情感领域。无论是积极的还是消极的、快乐的还是悲伤的思想和情感，都统统成为歌曲表达的对象。根据需要干预服刑人员的心理和生理特性，民警都能找到匹配的歌曲加以利用，作为对服刑人员实施干预的有效载体，取得良好的疗效。如：忧郁的服刑人员宜听"忧郁感"的歌曲，慢慢消去心中的忧郁；性情急躁的服刑人员宜听节奏慢、让人思考的歌曲，这可以调整心绪，克服急躁情绪；悲观、消极的服刑人员宜多听宏伟、粗犷和令人振奋的歌曲，久而久之，会使服刑人员树立起信心，振奋起精神，认真思考和对待自己的人生道路。

(三)歌曲讨论可弱化防御

监狱服刑人员内心对民警有一种自然而然的距离感和对立感，这对开展各项矫正工作是较为不利的。然而把歌曲作为民警和服刑人员之间心灵沟通的媒介和桥梁，无疑会极大地弱化服刑人员的戒备和防御心理。跟随着干预的进度，服刑人员一点点地敞开自己的心扉，民警发现和化解服刑人员内心顽疾，对引导其一步步重回生活正轨无疑有着极大的帮助作用。

(四)歌曲讨论具有灵活性

歌曲讨论在监狱矫正工作中有着极大的操作灵活性。一方面，干预民警既可以根据自身的理论取向和能力高低，也可以按照服刑人员不同的干预需求来确定干预取向；另一方面，干预民警还可以根据需要调整干预服刑人员人数的多少，选择性地采取一对一、一对二或是一对多人的干预形式，卓有成效地开展干预活动。这无疑与当前监狱的矫正需求与矫正现状是紧密吻合的。

三、歌曲讨论的实施步骤

（一）歌曲讨论的准备阶段

1. 场所的准备

一对一的个体治疗可以选择在音乐放松室进行，这样可以有效利用音乐放松室已有的治疗环境和完善的硬件设施。如果是团体歌曲讨论，要选择一个相对独立、空间足够大及不受干扰的环境，如团体心理辅导室等。

2. 音响设施的准备

（1）音箱一对，音箱的功率和尺寸要根据场地的大小而定；（2）专业 CD 播放器一台；（3）如选用无源音箱，则需功率放大器一台。

3. 歌曲的准备

歌曲应根据来访者的不同，因人而异地有所选择。合适的音乐治疗，常可取得很好的疗效。例如：

◆亲情：吴建豪《妈妈》；甄妮《鲁冰花》；阎维文《母亲》、《父亲》、《说句心里话》；陈红《常回家看看》；腾格尔《鸿雁》、《父亲的草原母亲的河》；孙燕姿《天黑黑》；周杰伦《蒲公英的约定》；蒋大为《在那桃花盛开的地方》；董文华《十五的月亮》；满文军《望乡》；胡力《回到家乡》；彭丽媛《父老乡亲》；费翔《故乡的云》；张明敏《我的中国心》；王菲《明月几时有》。

◆信任：斯琴高丽《猜》；梁静茹《暖暖》。

◆爱情：谢雨欣《谁》；张惠妹《记得》、《听海》；蔡依林《Mr. Q》；孙燕姿《任性》、《懂事》；周杰伦《屋顶》；任静《知心爱人》；戴佩妮《你要的爱》、《防空洞》；李玟宇《Girl Friend》；五月天《恋爱 ing》；王力宏《我们的歌》；F4《烟火的季节》；S. H. E《Super Star》；邓丽君《月亮代表我的心》。

◆失恋：任贤齐《心太软》；许茹芸《独角戏》、《悲伤》；莫文蔚《他不爱我》；S. H. E《我们怎么了》；薛之谦《认真的雪》；陈楚生《一个人的冬天》；罗志祥《搞笑》、《灰色空间》、《流星雨》；彭羚《囚鸟》；刘若英《后来》、《一辈子的孤单》；张艾嘉《爱的代价》；那英《梦一场》、《白天不懂夜的黑》；萧亚轩《最熟悉的陌生人》；张宇《用心良苦》；张信哲《白月光》；刘德华《忘情水》；蔡琴《不了情》；王菲《我愿意》、《红豆》；张震岳《爱我别走》；齐秦《大约在冬季》；陈升《把悲伤留给自己》；梁静茹《梦醒时分》、《可惜不是你》、《分手快乐》；张雨生《大海》；陈奕迅《十年》；老狼《同桌的你》；张柏芝《星语心愿》；苏芮《牵手》；陶晶莹《太委屈》；辛晓琪《味道》；林俊杰《记得》；周杰伦《说好的幸福呢》；阿桑《一直很安静》；江美琪《亲爱的你怎么不在我身边》。

◆友情：吕方《朋友别哭》；臧天朔《朋友》；周华健《朋友》；范玮琪《一个像夏天，一个像秋天》；梁静茹《暖暖》；可米小子《青春纪念册》；老狼《睡在我上铺的兄弟》《同桌的你》;小虎队《蝴蝶飞呀》《星光依旧灿烂》;吴奇隆《祝你一路顺风》。

◆励志:周杰伦《蜗牛》;刘欢《从头再来》;范玮琪《最初的梦想》;Beyond《海阔天空》;羽泉《奔跑》;汪峰《怒放的生命》《飞得更高》;五月天《倔强》;许美静《阳光总在风雨后》;张韶涵《隐形的翅膀》;张雨生《我的未来不是梦》。

(二)歌曲讨论的实施阶段

1.矫正关系的初步建立

无论是个体矫正还是团体矫正,矫正关系的建立都是至关重要的问题。如果是个体矫正,治疗师要考虑的是如何根据矫正对象的独特个性以及人生经历等情况,通过倾听、共情等心理学技术,创建一个安全、包容、自由、温暖的支持性矫正氛围,为最终矫正目标的实现奠定坚实的基础。如果是团体矫正,治疗师除了要考虑与团体中每位成员建立良好矫正关系外,更重要的是要引导团体成员在相互之间搭建起互相包容、互相支持的"关系场"。团体矫正在本阶段的主要工作内容有以下几项:

(1)治疗师向团体成员介绍团体成立的工作目标。目标的提出对明确活动方向,凝聚团体力量,有效建立"关系场"以及后继各项团体活动的顺利开展有着重要作用。

(2)订立团体契约。订立团体契约是为了规范团体成员在团体活动中的基本行为准则,确保每位团体成员的个人隐私得到有效保护,有助于形成安全的活动氛围,促进每位团体成员能更为自由地表达自我。同时,每位团体成员对团体契约进行长期严格遵守,这种行为本身就有较好的矫正作用和意义。

(3)自我介绍。治疗师可以先做示范,引导团体成员尽可能清晰完整地介绍自己,增进团体成员之间的相互了解,在团体成员之间建立情感链接。同时,自我表达的过程本身也是一个矫正过程。

(4)介绍活动方案。向团体成员介绍本次活动的一些具体事项安排,如:时间、活动阶段、活动内容等。

2.实施支持性歌曲讨论

支持性歌曲讨论阶段主要由治疗师组织团体矫正对象一起聆听和演唱歌曲,然后由每位成员分享歌曲带给自己的感觉。歌曲最好由矫正对象共同选择,也可以由治疗师推荐。本阶段的主要目标是为了安抚和缓解紧张焦虑情绪,促进团体成员的人际交往,以及学习自由的自我表达。因此,治疗师一定要注意就音乐谈音乐,克制住自己探索和分析矫正对象的欲望,不牵扯音乐以外的内容(如心理、生理创伤,家庭变故等),以免造成不必要的伤害或是引发成员的阻抗。治疗师可以通过提出以下问题来引导团体成员的讨论内容和方向:

◆"告诉我们这首歌曲好听在哪里?"

◆"我也很喜欢这个歌手的歌,尤其是……你的感觉呢?"

◆"很抱歉,有的人包括我不熟悉这种歌曲,能告诉我们这种音乐的特点是什么吗?"

◆"这首歌曲让你的心里有什么样的感觉?"

◆"听了这首歌曲,你的身体有什么样的感觉?"

◆"刚才听了你带来的这首歌,我们的心里感到非常舒服和放松……你的感觉呢?"

在这一层次的讨论中,治疗师要避免使用的语言是:

◆"告诉我你为什么喜爱这首歌曲?"

◆"这首歌曲让你想到什么?"

◆"你喜欢这首歌的歌词吗?"

这样的问题通常在认知行为和体验与潜意识层次的干预中才会被使用。

支持性歌曲讨论一般每周 1~2 次,每次 1~2 小时。具体持续的时间视本阶段的矫正目标完成情况而定,原则上在 1 个月左右。

3. 实施认知行为层次歌曲讨论

认知行为层次歌曲讨论主要由治疗师引导矫正对象表达自己对歌曲中歌词的看法,在矫正对象表达出自己的想法、观点之后,治疗师与矫正对象可以针对这些想法和观念进行讨论。在团体治疗的形式中,治疗师可以邀请其他小组成员对这些想法和观念发表意见。不同心理学流派的咨询师可以采取不同的谈话内容和方式。认知学派的治疗师可对歌曲表达的认知和思想观念进行深入的探讨。例如,通过矫正对象所喜爱的歌词来发现他们在认知上的误区和错误观念,并针对它们进行讨论。精神分析学派的治疗师可以更多地把谈话引向与歌曲相关的过去生活经历,特别是童年的、与父母有关的话题。例如,治疗师选择并播放可能引发矫正对象对童年生活回忆的歌曲,并以此引导来访者回忆自己早期的生活经历,进而探讨过去生活对现在生活以及人际关系的影响。人本主义治疗师可以把讨论的焦点集中在矫正对象通过歌曲所表达出来的潜在和积极的情感、信念、能力以及对自我实现的追求上。例如,利用积极的、有力的、优美的、与矫正对象美好和成功的人生经历有关的歌曲来帮助他们重新回忆、体验和肯定自己人生的积极方面,并在讨论中将这些积极的资源加以强化和放大。

当矫正对象表示喜欢或不喜欢一首歌曲的原因是由于歌词所表达的内容或思想时,通常就是将歌曲讨论引向认知行为层次的信号。在认知行为层次的歌曲讨论中治疗师可以经常使用以下问题:

◆"请你告诉我们你喜欢这首歌的哪段歌词? 为什么?"

◆"你能认同这首歌的歌词所表达的观念和想法吗? 能讲讲你的想法吗?"

◆"你能给我们解释一下这首歌的歌词是什么意思吗?"

◆"如果让你改编这首歌的歌词,你会怎么写?"

◆"是哪一句歌词让你这样感动?"

◆"这首歌让你想到了什么?"

认知行为层次歌曲讨论一般每周 1 次,次数过多不利于矫正对象梳理和调整自身认知观念,次数过少则影响矫正的连续性。每次 1 小时左右,具体持续的时间视本阶段的矫正目标完成情况而定,原则上在 1 个月左右。

4. 实施体验和潜意识层次歌曲讨论

体验和潜意识层次的歌曲讨论一般比较忽视歌词所传达的思想内容,而更多地集中在歌曲给干预对象和民警所带来的内心的甚至身体上的感受和反应。民警接下来的工作是设法探索和理解音乐所带来的这些感受的意义是什么;它与干预对象的深层情感世界、人格结构以及潜意识活动的关系是什么。与认知行为层次一样,歌曲讨论在体验和潜意识层次的应用也会由于民警理论取向不同,而使接下来的讨论主题和焦点有所不同。认知行为流派的民警通常不会聚焦于干预对象的体验和潜意识层面,在这一层面的工作思路更多的是精神分析取向。

当民警询问来访者"这首歌曲的什么特点让你喜欢?"或"这首歌的哪些部分让你喜欢?"而对方的回答是:"我也不知道,反正就是觉得好听"。这通常可能是将歌曲讨论引向体验和潜意识层次的信号。这一层次歌曲讨论的基本思路就是首先澄清和探索歌曲所带来的心理、情绪和身体的感受,然后把这种感受与干预对象的深层情感世界、内部心理需要和潜意识的活动联系起来。民警可遵循如下的程序:

第一步,请干预对象尽可能地描述他对这首歌曲的感受和体验(同时不要忘了自己对这首歌曲的感受,并以此作为理解干预对象的感受的参照物)。可以这样问:

◆"这首歌曲给你带来什么样的感受(体验)?"

◆"这首歌曲的什么让你喜欢?"

◆"这首歌曲的什么让你不喜欢?"

◆"你能给我们描述一下这首歌曲给你的感受(体验)吗?"

第二步,民警帮助干预对象将对音乐的体验与过去的经历、有重要关系的人联系起来,可以这样提问:

◆"这种感受(体验)让你想到什么?"

◆"除了音乐之外,你在生活中还有没有体验到这种感受的时候?"

◆"这种感受(体验)什么时候有过,是在成年还是童年?"

◆"在你的生活中有什么人能给你带来这样的感觉(体验)?"

◆"在你的生活中哪一段经历曾给你带来这样的感觉(体验)?"

第三步,帮助干预对象把对音乐的体验与自己现在的生活联系起来,可以这样提问：

◆"你认为这首歌所带来的这种感觉(体验)是你所渴望的东西吗?"

◆"这首歌曲所带来的这种感觉(体验)对你来说很重要吗?"

◆"你觉得这首歌所带来的感觉(体验)与你的现实生活有什么关系吗?"

◆"你觉得这首歌让你想到的那些人生经历对你今天的生活有什么样的影响?"

◆"你觉得这首歌让你想到的这个人对你今天的生活有什么样的影响?"

体验和潜意识层次歌曲讨论一般每周1次,每次1小时左右,具体持续的时间视本阶段的矫正目标完成情况而定,原则上在1个月左右。

在歌曲讨论中提问的语言和方式是多种多样的,以上仅仅是略举几例而已,注意不要让自己局限于上面给出的语言和程序中。

(三)歌曲讨论的干预取向

在实际干预操作过程中,歌曲讨论的方法在三个不同层次的使用有不同的心理治疗取向和思路,也可以分为积极资源取向和问题取向。总结如下:

(1)歌曲讨论可以在支持层次、认知行为层次、体验和潜意识层次上各自使用。民警可以持续稳定在一个层次上进行歌曲讨论的工作,也可以根据小组中成员的具体情况和治疗的需要灵活地转换使用三个层次的干预。

(2)支持层次的歌曲讨论强调加强积极的情绪,分享美好的体验。这一层次在原则上不涉及问题和导致问题的原因,通常不引发消极的情绪表达和体验。因此支持层次的歌曲讨论属于心理学的积极资源取向。

(3)体验和潜意识层次的歌曲讨论强调探究和发现问题以及导致问题的原因,特别是来访者自我所没有察觉的潜意识的情感内容和人格中被压抑的部分。它通常会引发较为强烈的消极情绪的流露和宣泄,因此疏于心理治疗中的问题取向。

(4)认知行为层次的歌曲讨论则介乎上面提到的两者之间。它可能引发积极的正向观念和情绪表达及体验,也可能引发消极的负性观念和情绪表达及体验。因此,在治疗中究竟采取积极资源取向的思路,还是采取问题取向的思路,完全取决于干预对象的需要和干预目标。

第五节　歌曲讨论矫正案例

一、支持层次歌曲讨论矫正案例

(一)矫正对象

抑郁情绪严重服刑人员7人。

（二）矫正方式

团体矫正。

（三）矫正目标

缓解抑郁情绪；促进人际交往；建立良好、信任的矫正关系。

（四）矫正频次

每周 1 次，每次 1 小时左右。

（五）矫正过程

1. 自我介绍

矫正民警："欢迎大家今天参加到这个团体活动中，为了能让大家认识你，增进大家对你的了解，也为了后面的活动更加顺利，下面请你介绍一下自己。介绍时要具体生动，方便大家更好地记住你。"每位成员介绍自己，介绍内容包括：姓名、年龄、籍贯、爱好等内容，每位成员介绍完自己后，矫正民警可以要求其他成员对其介绍进行一次复述。

自我介绍的目的在于：一是通过介绍让团体成员相互认识，增进团体成员之间的相互了解；二是促进团体中每位成员的自我表达和自我展示，增强自信心，这对抑郁个体来说是很重要也是很有意义的；三是通过复述强化团体成员的被关注感，这也是抑郁个体十分需要的。

2. 订立团体契约

矫正民警："通过前面的自我介绍，我们相互之间有了一个初步的了解，现在我们大家就是一个整体了。为了有利于实现团体活动目标，我们有必要订立一个团体活动规范：第一，是保密原则……第二，是相互支持原则……第三，是无特殊原因不得缺席活动……对以上的要求大家有没有不同意见或是有无补充？……很好！如果没有意见，大家鼓掌通过！"

订立团体契约的目的在于：一是设立共同的团体行为准则，有利于创建良好的活动氛围，方便团体成员更顺畅地开放和表达自身的情感；二是团体成员如果能长期坚持和遵守团体活动设置，这会给团体成员带来自主感和力量感，这种坚持本身就具有矫正作用。

3. 开展歌曲讨论

（1）简要介绍歌曲讨论技术

矫正民警："歌曲是人类情感的表达方式之一，它编织着我们的喜悦和悲伤，表达着我们的期望和失望、恐惧和成功，我们在歌曲中重温过去，审视现在，梦想未来。今天，让我们一起来聆听我们喜爱的歌曲，一起体验和感受歌曲带给我们的独特感觉……"

简要介绍歌曲讨论技术的目的：一是让团体成员在有限时间里对歌曲讨论

技术有大致了解；二是引发歌曲曾经带给人内心的感受，强化成员的参与动机。

（2）聆听歌曲

矫正民警："首先，让我们一起欣赏 A 学员带来的他最喜爱的歌曲《故乡的云》……"

在聆听歌曲的过程中，矫正民警要仔细观察每位学员在聆听歌曲时的表现。有的学员会表现得很陶醉，有的学员会轻声跟着唱，也可能有的学员会局促不安。无论学员是何种表现，矫正民警一方面可以把它和学员的发言相对照印证，另一方面可以在认知行为层次的歌曲讨论中作为矫正的一个切入点。

（3）歌曲讨论

矫正民警："刚才大家一起欣赏了歌曲《故乡的云》，谁愿意和我们大家一起分享一下他的感受？"考虑到抑郁群体表达自我的主动性欠缺，在没人愿意时也可以换做这样的表达："下面请每位学员按顺序谈谈歌曲带给他的内心感受。"

学员甲："听了这首歌，心里有点难受！"

矫正民警："甲听了觉得有点难受，我想这是他内心的真实流露，让我们为真实鼓掌！"

学员乙："我心里有一种温馨的感觉！"

矫正民警："温馨，很美好的一种感觉，希望它会经常伴随着你！"

学员丙："有一点点的沧桑！"

矫正民警："沧桑，很特别！有没有人和他有类似的感觉？"

……

在歌曲讨论的支持层次，矫正民警一定要牢记：把歌曲讨论限定在支持层次，以歌曲欣赏和讨论为主，矫正民警要克制自身的探索和分析欲望，不轻易去触碰学员的认知和潜意识层次内容。因为抑郁群体一般而言在认知功能上有一定损伤，语言表达也存在一定程度的困难，限定在支持层次，可以避免引起学员产生认知方面的困惑和挫折感，以及引发强烈的情感和情绪反应。矫正民警可以在每次矫正结束前询问："你们希望下次欣赏什么歌曲？"为下一次歌曲讨论做好铺垫。

歌曲讨论在支持层次的工作方式上应该坚持较长的时间。确定了团体成员的情绪比较稳定，内部自我力量比较强大，以及团体内部已经建立起良好和信任的矫正关系之后，才可以尝试着进入进一步的认知行为或体验和潜意识层次中去。

矫正实验表明，团体成员非常喜欢参与这一活动，虽然他们表达对音乐感受的语言能力有限，有些人只能用"好听"、"喜欢"之类的词语，但是在聆听歌曲时他们都非常投入。学员甲在参与活动一个月后表示："虽然每周活动时间只有一小时，但是我每周都期待这一天的来临，因为在这里我感觉自己愿意说，也愿意听人家说。和大家分享音乐能让我感到快乐！"

二、认知行为层次歌曲讨论矫正案例

（一）矫正对象

暴力型服刑人员 8 名。

（二）矫正方式

团体矫正。

（三）矫正目标

增强语言表达思想和情感的能力；促进认知和行为的改变。

（四）矫正频次

每周 1 次，每次 1 小时。

（五）矫正过程

1.自我介绍（略）

2.订立团体契约（略）

3.开展认知行为层次歌曲讨论

（1）简要介绍歌曲讨论技术（略）

（2）聆听歌曲

矫正民警："经由大家推荐，我们本次歌曲讨论的歌曲是汪峰的歌曲《美丽世界的孤儿》。让我们一起来细细聆听……"

在聆听歌曲的过程中，矫正民警注意到：学员 A 听得十分投入，流下了眼泪；学员 B 神情沮丧，低垂着头；学员 C……

（3）歌曲讨论

矫正民警："刚才大家一起欣赏了歌曲《美丽世界的孤儿》，接下来让我们一起谈谈歌曲带给你的感受。"

学员 A："我觉得这首歌道出了我的心声，听着这首歌，我的心情随着旋律缓缓流淌，很安静，很舒服，只有它是懂我的。"

矫正民警："这首歌曲让你想到了什么？"

学员 A："我想到了我的父母。他们含辛茹苦把我抚养成人，从小就教育我要好好做人，可是我没有听他们的话，一直不断地闯祸，直到判刑入狱。即使这样，他们也没放弃我，鼓励我好好改造，争取早点回家！'别哭，我最亲爱的人，我们要坚强，我们要微笑……'这些话就像我父母的叮咛和鼓励。"

矫正民警："说得很好，歌曲让你想到了父母的叮咛和鼓励。如果此刻父母就在你的身边，你会对他说些什么？"

学员 A："我想说'爸爸妈妈，儿子已经长大了！不会再乱发脾气，不会再和别人争争吵吵。我会安下心来，好好努力，回去后好好报答你们！'"

矫正民警："A 说得真好，我相信这是他的真诚忏悔，也是他的铮铮誓言，让我们一起见证他的诺言！"（鼓掌）

学员 B："听了这首歌，我心里很难过。"

矫正民警："嗯！你觉得难过，肯定有你难过的理由，能和我们说说吗？"

学员 B："我觉得我就像这歌里说的，我是这个世界的孤儿。我的父母不关心我，从小把我寄养在外婆家，外出打工，一年难得见几次面。小时候看见别的孩子和父母一起开开心心的，我特别羡慕和伤心。如今，我又是一个人孤孤单单地呆在大墙之内……"说着，学员 B 流下了眼泪。

矫正民警："从小不能和父母在一起，不能享受父母的爱和呵护，确实是一件让人难过的事。其他学员有没有什么话想对 B 说？"

学员 C："我的情况和 B 差不多，父母也是在外打工，一年难得回家几次。可是我觉得父母还是爱我的，因为他们外出打工也是为了抚养这个家，也是为了自己的孩子有更好的生活，他们也有他们的苦衷和不易之处。"

学员 D："我觉得 B 可以找机会和父母心平气和地交流一下，或许他就能理解父母内心的真实情感了。我的父母就是不善言辞的人，他们爱我，但是他们不会表达。"

学员 E……

其他学员的话语，让学员 B 陷入了沉思……

在认知行为层面的歌曲讨论中，矫正民警要忌讳以权威的角色对干预对象进行说教，而最终把歌曲讨论变成"政治思想工作"。如果这样，矫正民警会立即发现被推到了他们的对立面，矫正关系会陷入困境。无论干预对象表达的思想观念在矫正民警眼里是多么错误和荒谬，矫正民警都不应该予以直接的批评或质疑。同时，矫正民警引入其他干预对象加入讨论，团体成员中一定会有一些成员的观念相对比较消极，而另一些成员的观念会相对积极一些，团体成员之间不同观念的互动和交流，必然会促进团体成员的思考和成长。

三、体验和潜意识层次歌曲讨论矫正案例

（一）矫正对象

自杀倾向服刑人员 E。

（二）矫正方式

个体矫正。

（三）矫正目标

促进被压抑情感的表达和宣泄；促进对自我深层情感的体验；促进个体人格

的完善。

（四）矫正频次

每周1次，每次1小时。

（五）矫正过程

在一次歌曲讨论中，学员E带来了一首英文歌曲《毕业生》。他告诉矫正民警，这是他最喜爱的歌曲之一，以前在外面时经常会让这首歌曲伴随自己入睡，在自己心情不好的时候也会听这首歌。

矫正民警："你为什么会喜欢这首歌曲呢？"

学员E："听到这首歌很偶然，虽然我不是很懂英语，完全不知道他在唱些什么，但是我喜欢这首歌曲的音乐和歌手的嗓音。"

矫正民警："你能形容一下歌手的嗓音和音乐带给你什么样的感觉吗？"

学员E："我觉得这首歌让我感到非常温暖，歌手的嗓音非常慈祥亲切。"

一个温暖、亲切和慈祥的男声让矫正民警想到了父亲的形象。

矫正民警："你能告诉我你和你爸爸的关系怎么样吗？"

学员E愣了一会儿，眼含泪花："在我的记忆中从来不记得爸爸曾经抱过我。他对我一直很冷淡。我从来没有体会过父爱。我小时候总是想，或许因为他不是我的亲爸爸，所以他一点都不爱我。我从小就一直在想象，我的亲生爸爸有一天会来找到我，从此我就会和我的亲生爸爸幸福地生活在一起了。可是到我长大以后终于明白他就是我的亲生父亲，我才彻底绝望了。"

矫正民警："在你的想象中，从小到大一直期待的那个'亲生父亲'是不是就是一个慈祥、亲切和温暖的爸爸，就像这首歌带给你的感觉一样？"

学员E："是的，我想象中的爸爸就是一个慈祥、亲切和温和的爸爸，就像这首歌给我的感觉一样。"

在接下去的进程中，矫正民警和学员E就他缺乏父爱的童年生活经历以及这些经历对现在生活带来的影响展开了讨论……

很显然，这首歌所带来的亲切、慈祥的体验在学员E的内心深处与他从小对父爱的渴望发生了共鸣。当孩子在成长的重要阶段所必需的心理需要（如父爱、母爱）不能得到满足的时候，孩子就会在内心为自己虚构一个理想中的父亲或母亲的形象，来弥补现实中的缺憾。这是人的生存本能，否则就可能无法生存。而学员E就是把自己从小就虚构出来的亲切慈祥的父亲形象投射到这首歌曲中，因此这首歌曲在他的生活中就替代了一个好父亲的形象，以满足他对父爱的心理需要。

第五章　案　例

第一节　再犯风险罪犯循证矫正案例

一、问题确定

（一）矫正对象个人情况

1. 个人基本情况

为了深入了解矫正对象的基本情况，科学矫正罪犯，矫正工作者采取查阅档案、个别访谈以及走访其亲属朋友方式，获得的主要背景信息及资料有：李某，1973年5月出生，住浙江省某市某区，2001年7月因盗窃罪被判处有期徒刑八年。2012年2月15日因盗窃罪被判处有期徒刑五年。从小经常偷父母的钱，不愿意上学，喜欢赌博。

2. 个人成长史

李某家住在农村，自幼身体健康，未患有严重疾病。从小性格内向，不合群，争强好胜。家庭教育方式简单粗暴，动辄打骂。李某从小成绩不好，多次在学校成为问题学生，被老师在全校大会上点名批评，使李某自尊心严重受损。印象最深的一件事，小时候偷邻居家东西，被父亲狠狠地痛打了一顿，至今腿上还留下伤疤。

（二）与他人关系

1. 与家人关系

从小经常受到家长打骂，与家人关系较为紧张，相互间很少交流。

2. 与同犯关系

对同犯有敌视心理，不愿意与同犯说话。

（三）心理测试结果

1. COPA测试结果

PD2:情绪稳定性(63)

分数高：表明情绪易变，起伏不定。通常性情暴躁，易激惹。面对现实中的困难和挫折不能保持冷静态度。动辄用简单粗暴方式解决。

PD9：自信心（61）

分数高：表明自卑心理严重，缺乏自信心。对自己的能力和表现缺乏信心。经常自叹不如。在他人面前表现不太自然。

PD10：焦虑感（64）

分数高：表明焦虑情结严重。经常抑郁烦闷，对生活缺乏足够信心，悲观绝望，时有患得患失，心身疲倦，伴有失眠多梦。

2. SCL-90 量表测试结果

根据李某的主诉和相关资料分析，进行 SCL-90 测试（见表 5-1），以进一步量化了解其心理障碍的严重程度，避免在摄入性会谈中主观臆断的不足。

表 5-1　SCL-90 量表测试结果

项目	躯体化	强迫	人际关系敏感	抑郁	焦虑	敌对	恐怖	偏执	精神病性	其他
分数	1.9	1.8	3.7	2.8	2.1	3.7	1.1	2.8	1.3	2.3

总体来说，李某心理健康程度较低，具体表现为：敌对意识强烈，与他人相处困难；有时会莫名地忧伤，感觉生活没有信心；偏执，有焦虑。

3. 再犯风险量表评估结果

再犯风险评估（见表 5-2）表明，李某与父母关系不良，学业状况不佳；早年存在不良行为；对他人基本不存在同情心，理解和包容心态欠缺；自控能力差，动辄就以武力解决事情；心理有变态倾向；对他人的东西占有欲望较强烈。

表 5-2　再犯风险评估结果

项目	与父母关系	学业情况	早年行为	作案起数	同理心	自制力	变态倾向	占有欲
分数	68	65	36	62	45	32	51	53

二、证据收集

（一）已然证据

矫正工作者对盗窃罪犯、多进宫罪犯和已有矫正案例进行检索、对比，共有39 篇与本案例情况相似。其中 15 例个案开展艺术矫正、心理矫治、劳动矫正和课程学习等矫正手段,其中艺术矫正和课程学习矫正效果综合运用时间为 10 个月,反复性不强。劳动矫正也取得一定效果。

(二)文献证据

检索和查找的证据库主要为:中国知网、监狱信息网和《犯罪与改造研究》、《中国监狱学刊》等监狱系统有关期刊报纸。根据证据的效力和来源,矫正工作者有选择地选取了其中的几份:姜贵盛在《法学论坛》刊登的《当前盗窃罪犯的"八个突出"》[1],王锐等在《辽宁警专学报》刊登的《关于盗窃惯犯人格特征评估与犯罪对策的研究》[2],章恩友在《青少年犯罪问题》刊登的《关于盗窃犯心理健康状况的初步研究》[3],熊晓燕等在《健康心理学杂志》刊登的《盗窃犯与正常人MMPI 对比研究》[4],张弓、胡纪明在《健康心理学杂志》刊登的《MMPI 测查盗窃犯的结果分析》[5],李化侠、李小平在《健康心理学杂志》刊登的《男性盗窃人员人格结构分析》[6]。

(三)筛选证据

通过知网检索,初步阅读,剔除明显不符合的资料,如图 5-1,输入"盗窃罪犯"关键词后,出现 13 篇文章,但真正与本矫正案例有关的只有两篇。将这两篇确定为矫正证据。再进一步搜集期刊报纸等资料,充实证据库。通过对证据的检索、筛选及优选,我们认为,盗窃罪犯社会责任意识薄弱、内心虚伪脆弱、情绪多变。这与熊晓燕等在《盗窃犯与正常人 MMPI 对比研究》中,对 30 例盗窃罪犯及随机入组的 30 例正常人进行 MMPI 测查,盗窃犯罪的人格特征倾向于说谎,为人较虚伪,难以接受社会的价值观念和行为规范,反抗社会约束,冲动鲁莽,任性利己,不遵守制度和法律,个性外露、善交际、虚伪、做作,不体谅人,无真挚感情,以及与张弓在《MMPI 测查盗窃犯的结果分析》中较为一致。为此,可以以上面的资料作为最佳证据,用以指导矫正工作。

---

① 姜贵盛:《当前盗窃罪犯的"八个突出"》,《法学论坛》1991 年第 4 期。
② 王锐等:《关于盗窃惯犯人格特征评估与犯罪对策的研究》,《辽宁警专学报》2010 年第 3 期。
③ 章恩友:《关于盗窃犯心理健康状况的初步研究》,《青少年犯罪问题》1997 年第 2 期。
④ 熊晓燕等:《盗窃犯与正常人 MMPI 对比研究》,《健康心理学杂志》2001 年第 9 期。
⑤ 张弓、胡纪明:《MMPI 测查盗窃犯的结果分析》,《健康心理学杂志》1997 年第 2 期。
⑥ 李化侠、李小平:《男性盗窃人员人格结构分析》,《健康心理学杂志》2006 年第 2 期。

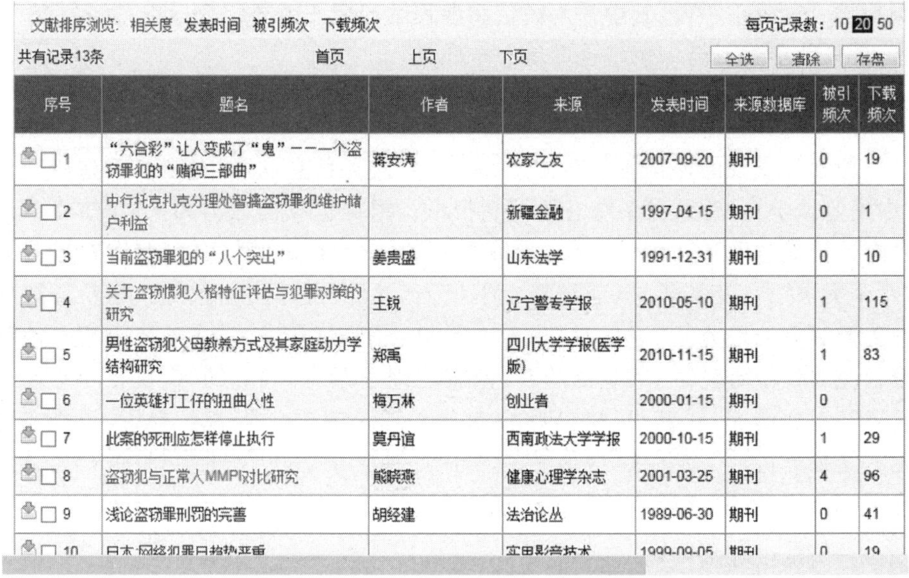

图 5-1 文献搜索网页截图

三、矫正需求分析

(一)犯因性需求分析

盗窃类罪犯再犯风险高,侵占贪财思想与行为是导致其犯罪的直接原因。本矫正过程运用再犯风险评估工具、SCL-90 量表和 COPA 量表进行犯因性问题的分析评估,同时矫正工作者结合李某的以下三个方面作分析:

一是认知水平较低。从量表测试结果分析,李某总体上对客观环境的认知水平和自我控制能力较低。遇到问题不能够冷静思考,有赌博、酗酒不良嗜好,且情绪易激惹。

二是生存技能欠缺。面对快节奏的现代生活,李某无任何谋生技能,从小养成偷父母钱的不良习惯,养成了好逸恶劳的恶习。

三是尊重与爱的需求缺失。李某从小缺少父母的疼爱,自尊心理严重受挫,报复心理突出。看到其他同犯在一起聊天,心理产生极度不平衡感,产生抵触、敌意情绪,更不愿意与同犯多说话。

(二)循证矫正介入分析

循证矫正介入分析的目的是寻找被矫正罪犯的优势和潜力,剖析难点和关键点。

1.矫正的优势分析

第一,李某自愿参加循证矫正活动,能主动提出心理咨询要求,改变内心世界。第二,李某年龄存在优势,掌握新知识、新技能速度快。第三,李某对音乐十分爱好,入狱前经常在酒吧弹琴、唱歌。

2.矫正的难点分析

首先,李某法律意识淡薄,行为自由散漫,认罪悔罪意识低。其次,李某自控能力较差,易激惹。再次,家庭教养方式严重影响了李某的心理健康成长。最后,自尊心受挫,自信心不足。

(三)再犯风险评估与分析

2013年1月15日,李某接受由浙江警官职业学院编制的《再犯风险评估量表》测评,接着是专业评估,由监狱二级心理咨询师通过包干民警谈话、罪犯个别谈话、同犯访谈和档案查阅后,综合评估量表的结果,再一次进行再犯风险评估。

矫正小组综合李某的个人成长史、与他人的关系及量表测试结果,将其犯因性需求确定为"认知观念偏激,生存技能存在短板现象,尊重与爱的需求严重缺乏"。

四、方案设计

(一)目标制订

根据对李某犯因性问题的综合归纳分析及矫正证据的分析,确定矫正对象问题的总体矫正目标为:提高认知水平,强化生存技能培训,消除再犯风险。

(二)目标分解

根据李某犯因性需求,尊重李某的意愿,矫正工作者与其共同确定了对其进行矫正的近期目标、中期目标和远期目标。

近期目标:认清人际关系的交流意义,开展技术培训,提升技能;

中期目标:消除认知障碍,消解犯因性需求;

远期目标:促进人格成熟,消除再犯风险。

(三)项目设置

根据阶段目标设置项目形式,安排好前后次序,有计划、有目的地实施矫正活动。本个案矫正项目有:艺术矫正、技能培训矫正和认知—行为矫正。

1.认知—行为矫正项目

矫正工作者和李某一起算三大账:经济账、亲情账、时间账,耐心地向李某阐明盗窃所带来的消极后果。

2.艺术矫正项目

对李某实施音乐矫正,利用非语言工具,将其意识压抑的情感与冲突进行暴露,并且在音乐矫正的过程中,使获得释放,从而达到艺术矫正的良好效果。

3.技能培训矫正项目

通过李某参加缝纫的劳动过程,并辅以同犯帮教,帮助李某学会如何与他人友好相处,同时其耐力和同理心得到一定的培养。

(四)契约建立

1.动机评估

通过动机评估量表,对李某参与循证矫正的动机进行评估。同时,通过真诚交流、共情、适度宣泄,获得李某信任,强化内在动机,提升李某参与矫正的动机水平。

2.全程参与

根据风险—需要—响应原则,将李某存在问题、矫正项目和矫正方案向其公开反馈,同时告知方案实施将带来的变化,以提高李某改变的动力,充分尊重李某参与矫正的知情权,发挥李某参与矫正的积极性。

3.契约签订

在告知李某相关情况后,要求李某签订矫正契约书,严格规范矫正项目和矫正时间、地点、参与者等,明确双方的权利和义务等。

(五)方案评估

由督导组根据循证矫正方案评估要求,对矫正方案中各环节进行信度、效度等评估,并根据评估结论,提出修改意见。

五、方案实施

(一)认知行为矫正项目

通过认知行为疗法,帮助李某分析问题的根源,寻找不合理的认知,纠正不合理信念,使其感受到盗窃给自己、家人和朋友带来的危害,重新认识自我。

以下是矫正过程片段:

矫正工作者:我对你的基本情况有了一定的了解,非常同情你的处境。现在愿意和我谈一下你对父母的看法吗?

李某:我对他们一直非常反感,因为他们对我不是骂,就是打,从来没有好好地和我说几句话。

矫正工作者:你能具体谈谈对他们哪些方面有反感?

李某:他们对我的学习要求很严格,只要考试不及格,回家一定会被一顿暴打。零花钱也很少给,让我很嫉恨。看到其他同学口袋里都有钱,自己没有,心里很嫉妒。

矫正工作者播放了一段家访他父母的视频。视频中他的父母内心充满着懊悔,一直责怪是他们导致李某今天的状况。

(停顿了几分钟后)矫正工作者:你还怨恨他们吗?

李某:现在自己长大了,能体会到父母的一片良苦用心。

……

矫正过程中,矫正工作者利用监狱"南孔"教育网络,开展远程道德、仁爱教育,解决监狱教育教学在师资、设施、场地上的瓶颈问题,实现由过去的民警教师分散教学向视频集中授课转变,做到监狱"三课"教育教学时间、内容、效果的统一,并定期安排女警心理咨询师对李某进行心理干预,帮助其树立正确的亲情观、金钱观、价值观。同时,矫正工作者一起和李某算亲情账、时间账、经济账,让李某从内心感受到盗窃带来的严重后果。最后,播放一段厌恶疗法治疗盗窃行为的视频。通过不断的视觉刺激,李某的盗窃心理开始弱化。

(二)艺术矫正项目

1.矫正工作者安排

这一矫正项目专业性较强,矫正工作者主要以监狱二级心理咨询师为主,开展相关矫正工作,并配备了两名监狱专职民警教师授课,提高矫正效果。

2.矫正周期

矫正工作者与李某共同协商,确定本次矫正周期为10周,分20次开展相关矫正活动。

3.矫正过程

(1)良好关系的建立。良好关系的建立是做好循证矫正工作的前提,也是遵循循证矫正工作原则之一:需求原则。

矫正过程片段:

心理咨询师:你平时喜欢听些什么音乐? 想听奔放的还是幽静的,灵活的还是结构性的?

李某:我在12岁的时候开始学习吉他和电子琴,那时感觉自己对音乐挺有天赋的,并且学习进步很大。对于读书没什么兴趣,后来干脆不读书了。长大以后到酒吧里弹吉他和钢琴赚点钱。我一般喜欢听幽静点的音乐,心情不好时也听些奔放激昂的。

心理咨询师:当你听音乐时,心情是不是很放松?

李某:当我心情低落或者是烦躁时,听听音乐,心情很放松。

心理咨询师:你能控制情绪吗?

李某:音乐能够使人心灵沉静,精神状态发生改变,并赋予灵感。我可以根据自己的心情听不同类型的音乐。

心理咨询师:你希望通过音乐达到什么目的?

李某:在入狱前,我一直是通过音乐改变我的生活,改变我的精神需求,增强生存下来的勇气。但有时感觉很累,弹了一晚上的吉他才 200 块钱,总感觉来钱太慢了!所以想想还是用偷来钱快。但进来以后,还是想通过音乐改变我的人生。

心理咨询师:你需要什么音乐来指导和支持?

李某:我以前学了好几种乐器,如吉他、钢琴、葫芦丝等。现在进来这么长时间了,有的乐器用法都有点陌生了。如果能够提供这些乐器,那么我一定要好好再学习一下。

根据李某的音乐矫正需求,心理咨询师感到他的学习主动性非常强。经分监区向领导请示,同意成立音乐兴趣班。

(2)音乐兴趣班的组建。音乐兴趣班由具有音乐知识的民警王某某负责组建。李某担任组长。

①学员报名办法、准入资格和课堂纪律:

第一,为便于管理,学员根据自己的兴趣爱好,至少要报一个兴趣班参加学习;

第二,学员在兴趣班学习期间应遵守课堂纪律,认真听讲,不得扰乱课堂秩序;

第三,在遵守监规纪律的前提下必须服从组长管理,不得无理取闹刁难班长;

第四,学员应在对应的兴趣班上课,不得到非对应的兴趣班闲逛乱窜,违者按违反课堂纪律处理。

②乐器的购置。为陶冶情操,丰富罪犯精神生活,培养罪犯健康、积极向上的改造心态,提升循证矫正质量,监区向上级申请关于购置艺术矫正器材的请示。购置的音乐设备:萨克斯 4 把、吉他 8 把、电子琴 2 台、葫芦丝 10 个、音箱1 对。

③资料的来源。音乐书籍相关资料来源主要有两个方面:一是监区集体购置;二是在亲情会见时,由罪犯家属带来。

④课时设置。总周期为 8 周,共 16 个课时。考虑到周二至周六,罪犯要参加劳动,周日罪犯休息,矫正工作者征求李某等人意见,同意在周日休息时间花两个小时来接受矫正。为此,兴趣班的学习时间安排在周一下午和周日上午。

⑤课程设置。根据 COPA 量表测查结果,以不同心理特征为基础,将课程划分为抑郁类课程、焦虑类课程、躁狂类课程。

(3)阶段设置。矫正工作者和李某共同商议,尊重他的意愿,将整个矫正周期分为三个阶段。第一阶段:试听回忆阶段。(两周时间,四个课时,2013 年 5

月 13 日—2013 年 5 月 26 日);第二阶段:讨论参与阶段。(三周时间,六个课时,2013 年 5 月 27 日—2013 年 6 月 16 日);第三阶段:表演创作阶段。(三周时间,六个课时,2013 年 6 月 17 日—2013 年 7 月 7 日)。

(4)矫正实施。第一阶段:试听回忆阶段。(两周时间,四个课时,2013 年 5 月 13 日—2013 年 5 月 26 日)

第一课时:播放音乐。时间:2013 年 5 月 13 日下午。

运用音乐矫正,选择合适的音乐对矫正效果起到至关重要的作用。矫正工作者让李某在酷狗音乐盒里自主选择一个或数个歌曲或乐曲在小组中播放。这些歌曲或乐曲都是在他们自己生活经历中有着特别意义的,目的是引发由音乐伴随产生的情感和回忆。在试听阶段,如果一个人不能专注于音乐并体验它,说明音乐选择不合适或者是触动了其悲痛情绪。当发现小组成员已经不愿意听下去时,矫正工作者立即停止音乐播放。

第二课时:演奏音乐。时间:2013 年 5 月 19 日上午。

矫正工作者使用录制好的音乐或即兴演奏音乐来与李某等的生理、心理状态同步。当矫正工作者发现李某慢慢地闭上了双眼,手指不停地左右摆动,矫正工作者感到李某与音乐产生了共鸣。矫正工作者逐渐地改变音乐,有意识地由缓慢的音乐向稍微奔放的音乐旋律迈进。这样尽可能地把李某的生理、心理和情绪状态向预期的方向引导。

第三、四课时:想象音乐。时间:2013 年 5 月 20 日下午和 5 月 26 日上午。

李某在心理咨询师的引导下进入放松状态,紧闭双眼,享受音乐带来的放松。在特别编制的音乐背景下产生自发的自由想象。听完后,李某向咨询师报告想象的内容,双方共同探讨想象内容的意义,帮助李某了解自我,体验自己的内心情感世界。

阶段性评估。通过四个课时的学习,李某自述心情有所放松,内心的压抑随着音乐的灌输而逐渐舒缓。心理咨询师认为李某一开始不太专注听音乐,但放到了《致爱丽丝》音乐时,注意力慢慢集中,并随着音乐手指不断左右划动。

第二阶段:讨论参与阶段。(三周时间,六个课时,2013 年 5 月 27 日—2013 年 6 月 16 日)

歌曲设置。歌曲有以下几种类别:亲情类:蒋大为《在那桃花盛开的地方》;董文华《十五的月亮》;满文军《望乡》;胡力《回到家乡》;彭丽媛《父老乡亲》;阎维文《父亲》;费翔《故乡的云》;张明敏《我的中国心》;王菲《明月几时有》。友情类:吕方《朋友别哭》;臧天朔《朋友》;李华健《朋友》。励志类:李杰伦《蜗牛》;刘欢《从头再来》;范玮琪《最初的梦想》;Beyond《海阔天空》;羽泉《奔跑》;汪峰《怒放的生命》、《飞得更高》;五月天《倔强》;许美静《阳光总在风雨后》;张韶涵《隐形的翅膀》;张雨生《我的未来不是梦》。

展开咨询。首先心理咨询师和李某展开一段对话。

心理咨询师:经过我们前期的音乐欣赏,感觉你的精神状态好多了。

李某:我也有这样的感觉。其实,这还得感谢你们的关心和帮助。

心理咨询师:我们感觉到你是具有音乐天赋的。在这里,我们只是帮你搭了个兴趣学习平台。这主要是你自己的努力结果。

(李某微笑着向心理咨询师点头表示谢意,然后又把头低下了。)

心理咨询师:你能谈谈小时候的一些经历吗?

李某:(沉默了一会儿,然后抬起了头)我小时候最害怕读书,坐到班级里很不自在,浑身难受。有时候我就欺骗父母,开始逃学了。偶然间遇到了社会上的小混混,于是就和他们一起玩了。不知不觉迷上了赌博。

心理咨询师:赌博? 那你的钱从哪里来的?

李某:是的。钱都是偷父母的。

心理咨询师:他们知道你偷钱吗?

李某:一开始不知道,过了一段时间发现钱包经常少钱就怀疑我了。有一次被爸爸抓住了,用棍子狠狠地打了我。(李某把裤子往上捋,让心理咨询师看看旧伤疤。)

心理咨询师:可怜天下父母心。爱的方式有很多种,每个父母所用的疼爱方式各不相同,也许这种方式有点简单了,但目的都是相同的。

李某:我当时很恨他,但现在想想还是为我好。

心理咨询师:你能这么想已经值得肯定了。下面我们再一起欣赏一下音乐吧?

李某:好的。

心理咨询师:下面有几种类型音乐,你随意挑选,听完之后,我们再一起聊聊。可以吗?

李某:可以。

歌曲播放:阎维文《父亲》、胡力《回到家乡》、刘欢《从头再来》。

心理咨询师设置了以下几个问题和李某一起讨论。

◆"告诉我这首歌曲好听在哪里?"

◆"我也很喜欢这个歌手的歌,尤其是……你的感觉呢?"

◆"很抱歉我不熟悉这种歌曲,能告诉我这种音乐的特点是什么吗?"

◆"这首歌曲让你的心里有什么样的感觉?"

◆"听了这首歌曲,你的身体有什么样的感觉?"

矫正效果评估。这一阶段,李某能够主动参与到音乐矫正中。谈到对父母的感情时,李某内心还存在阴影,但这也正表明他对亲情的在乎,如果不在乎,就不会考虑到父母的一些感受。所以,本矫正阶段还是取得了一定的疗效。同时,李某表示准备自己创作一首歌曲。

处遇设置。为了表扬李某在前两个阶段所取得的进步,鼓励其再接再厉继续好好表现,经分监区向领导请示,给予李某一次拨打亲情电话的机会。拨打亲情电话目的是:第一,增进李某与父母之间情感以及与父母的交流和沟通,修复亲情关系;第二,汇报改造中取得的成绩,让其父母肯定他的进步,提升李某的自信心。

第三阶段:表演创作阶段。(三周时间,六个课时,2013 年 6 月 17 日—2013 年 7 月 7 日)

表演阶段:2013 年 6 月 17 日—6 月 30 日。

鉴于李某在前两阶段的表现较好,加之具有一定的音乐基础。李某主动提出,用吉他和钢琴为同犯们演奏一些歌曲。演奏中,兴趣班的成员被安排坐成一个圆圈,各种乐器放在中间。让其他成员先试一试乐器,然后让他们自由选择乐器。演奏由李某指挥,兴趣班的其他成员也跟着节奏演奏。根据音响效果,每个人自觉或不自觉地不断调整自己的节奏、速度、音量或旋律,在整个音乐演奏中找到了自己的位置和角色。

创作阶段:2013 年 7 月 1 日—7 月 7 日。

经过李某认真学习有关音乐书籍之后,在识谱水平上有很大的提高。李某自己填词、作曲,创作了一首取名为《阳光》的歌曲。矫正工作者鼓励他继续把歌曲练熟悉。7 月 7 日上午,监区特意为李某举办了一场演唱会,并邀请监狱领导前来欣赏指导。演唱会现场,李某边弹吉他边唱自己编的歌曲,兴趣班其他成员有的弹电子琴,有的吹葫芦丝等。他们神情投入,演出非常成功,赢得了监狱领导的肯定,并得到了同犯们的阵阵掌声。随后,监区组建了监狱罪犯群体中唯一的艺术团——新岸合唱团。每逢节日演出,为民警和同犯们带来欢乐和笑声,成为节日生活中一道靓丽的风景线。

处遇设置。李某独创的歌曲《妈妈,让我回家》荣获浙江省监狱管理局歌曲评比二等奖。监狱给予李某单项表扬,并赠送李某一把吉他,鼓励他再接再厉,创作更优美的歌曲。

4.矫正效果评估

第一,艺术能陶冶人,艺术能改变人。在监狱环境下,艺术在罪犯改造中的运用空间是巨大的,运用价值是高效的。第二,根据矫正变化发展情况,对李某所采取的矫正方案进行适时调整。矫正技术应随着罪犯矫正情况而灵活改变。当矫正工作者认为达到了预期效果,应及时调整课时计划。第三,矫正效果反馈的及时性。根据李某自述,通过本周期的矫正,情绪各方面都已经有所改变。矫正工作者及时给予物质表扬和精神鼓励。

(三)技能培训的矫正项目

1.矫正工作者安排

考虑到本矫正项目的技术性和专业性,矫正工作者特邀请当地职业技术学院的教师和管教民警共同组成。另外,在培训过程中,李某可能出现阻抗心理,所以需要心理咨询师参与其中。

2.矫正周期

为了能让李某学习扎实的技能,本矫正周期为 12 周。

3.矫正过程

本矫正项目分为三个阶段。第一阶段:技能认知。职业技术学院教师设置5 个课时,分别为认识自我、技能学习的重要性和必要性、就业形势、技能选择、就业观念。管教民警和教师共同帮助李某进一步了解自我,认识李某的气质和性格适合选择什么样的技能学习。列举几个刑释后成功就业和自主创业的案例,指出就业能力是影响人们适应社会、在社会上立足的关键因素,帮助李某树立正确的就业观,激发其对技能学习的兴趣。第二阶段:技能掌握。教师与李某共同商议,选择适合自身、符合现实的技能学习。李某选择缝纫技术。教师帮助其设置相应课程,分步骤、分阶段学习巩固。在培训的过程中,李某有时出现抵触劳动、抵触教师的情绪,拒绝参加培训、拒绝劳动,并和同犯说还是偷东西不费力气。为此,心理咨询师运用想象厌恶疗法对李某进行矫治。心理咨询师引导李某想象其偷东西时的场景,当其出现这方面的欲望或行为时,让他立即闭上眼睛,想象面前站着一个高大威猛警察,面孔冷峻,手里拿着电警棍在盯着他,或是回忆过去被拘留的场面,以达到减少与控制此种适应不良行为的效果。第三阶段:证书获得。经过一段时间学习后,监狱组织李某进行技能考试。在李某掌握了缝纫技能后,管教民警帮助其制订了符合自身需要、层层递进的改造规划蓝图,并让他用自己的劳动报酬解决生活所需,培养独立自主、自力更生理念。鼓励李某不断调整自我,相信自己能够用勤劳的双手打造美好的未来。

六、矫正效果评估

经过艺术矫正手段的运用,2013 年 11 月 15 日,矫正工作小组对李某进行了在囚风险评估,分值达到了预期的目标,并进行了 SCL-90 量表测试,抑郁、焦虑、敌对等项目得分已经在正常值范围。经矫正工作小组综合评定,循证矫正的目标基本实现。

（一）本人评价

通过三个阶段的矫正,李某认识到之前存在的错误认知观念,改变了一些不良行为习惯;感受和接受了同犯对他的帮助和友爱。

（二）他人评价

1.民警评价

李某能够服从管教民警的安排,积极参加监内各种文娱活动,能够积极参加劳动,较好遵守监规纪律。

2.同犯评价

李某的性格有明显的好转,能够主动和同犯们交流思想,有不明白的地方及时向他们请教,人际关系较为和谐。

3.社会教师评价

老师感到,李某领悟新知识能力很强,愿意帮助李某推荐就业机会。

（三）测试评价

1.SCL-90 量表测试

表 5-3   SCL-90 测试结果

项目	躯体化	强迫	人际关系敏感	抑郁	焦虑	敌对	恐怖	偏执	精神病性	其他
分数	1.7	1.3	1.9	1.7	1.8	1.7	1.4	1.7	1.4	2.0

从表 5-3 可以看出,人际关系有了一定的改善,能够主动和同犯们交流思想,焦虑状况降低,敌对意识下降。整个人的精神状态有了一定改善。

2.再犯风险量表测试

表 5-4   再犯风险评估结果

项目	与父母关系	学业情况	早年行为	作案起数	同理心	自制力	变态倾向	占有欲
分数	72	67	36	62	62	56	36	40

从表 5-4 可以看出,李某同理心明显增强,自制力有了一定的提升,能够较好地控制情绪,对他人物品的占有欲望有明显降低。

七、盗窃类罪犯循证矫正启示

对李某的循证矫正工作,使其情绪心理、行为、认知等方面取得了一定的成效。在此过程中,我们也得到了一定的启示。

(一)掌握证据资料是循证矫正的关键点

循证矫正即遵循最佳证据的矫正。占有科学性、有效性资料,能够高效率、低投入地理解并解决好盗窃类罪犯的种种内心冲突。没有证据的矫正,与传统教育改造无任何差别。矫正工作者需要动态地、辩证地看待证据,运用最佳证据,不断充实、更新数据库、证据库内容,在矫正盗窃类罪犯时方可信手拈来。

(二)更新教育观念是循证矫正的突破点

循证矫正是科学的工作,更是新生之物。这就需要管教民警打破传统思想束缚,打破管教民警主宰教育管理的习惯,激发盗窃罪犯内在积极性,尊重盗窃罪犯内在需求,关注盗窃罪犯主观意愿,并与盗窃罪犯一起制订矫正目标、计划与方案,切实转变他们犯罪的价值观念、行为方式,从而降低再犯的可能性。

(三)运用信息平台是循证矫正的创新点

数据库、证据库的建立是以往罪犯矫正中没涉及的手段,但在循证矫正工作中,针对盗窃类罪犯心理、行为特征,必须建立好、利用好这一宝库。积极与网络科研机构、高等院校、司法系统等部门密切合作,在教育、刑事司法、罪犯矫正等人文社会科学领域建立功能齐全的协作网络,并设置相关的循证实践中心。

第二节 在囚风险罪犯循证矫正案例

案情:2012 年 11 月 10 日晚 17:15,罪犯周某找值班民警谈心,气势汹汹地提出"要么把我调到二分监区,要么给我关进去(宣泄室),不然我就要打刘某某,是他让我现在很不舒服",态度极其嚣张,民警随即对其进行教育,效果一般。18:10 分左右,民警再次找周某谈话,经反复教育,周某认识态度极差,固执己见,拒不接受民警的教育,仍然表示要动手打同犯。因存在行凶危险,经审批,给予重点防控十五天。在重点防控期间,经民警多次谈话教育,收效甚微,仍固执己见,因存在行凶危险,二次被延期解除重点防控十五天。

一、问题确定

通过周某自述,并开展结构性面谈等方式,了解周某存在的现实问题,最后用浙江警官职业学院自主研发的在囚风险量表、SCL-90 量表和 EPQ 量表对周某进行测试,总结归纳犯因性问题。

（一）矫正对象个人情况

1. 个人基本情况

周某，绰号"小尖"，男，1982年3月出生，汉族，家住云南省某县，小学文化，母亲过世，父亲健在，妹妹在读书，家庭经济困难。2010年5月21日因故意伤害罪被判处有期徒刑15年。

2. 个人成长史

周某从小生活在偏远农村，家庭经济困难，母亲去世较早，自小没有体会到母爱的温暖。2003年7月结婚，2004年9月女儿出生。周某18岁到江苏以做钢筋工为生，因个头较小，经常受到其他职工欺负，有一次被一个湖北汉子按倒在地，狠狠地往其脸部打了几拳，此事在他的内心留下了阴影。由于打击过大，他辞去了工作，以后经常以偷窃为生，过着朝不保夕的窘迫生活，心理经常处于恐慌状态。

（二）与他人关系

1. 与家人关系

周某有个妹妹，很少联系。家中有一个三岁的女儿，随周某的妻子和岳母一起生活。周某自入狱后，一直担心妻子离他而去，也担心给小孩心理带来阴影和创伤。

2. 与同犯关系

周某很少与同犯交流。因家庭经济困难，看到同犯开大账（购买物品）时，就暗自离开，自卑心理强，正因如此，在其心里埋下了仇恨的种子。

（三）进行心理测试

1. EPQ测试

表5-5　EPQ测试结果

项目	P（精神质）	E（内外向）	N（神经质）	L（掩饰性）
分数	75	60	65	40

从表5-5中可以看出，L值为40，报告可信。P、E、N分别为75、60、65，均超过常模。P值、N值均较高。从以上测试数据结果可看出，周某气质类型为胆汁质，焦虑情结较重，典型外向不稳定，情绪多变，自卑心理较重。同时，P分很高，表明周某是孤独、不关心他人，难以适应外部环境，不近人情，感觉迟钝，与他人不友好，喜欢寻衅搅扰。①

---

① 金瑜主编：《心理测量》，华东师范大学出版社2001年版，第136页。

2.SCL-90 量表测试

根据周某的主诉和相关资料分析,对其进行了 SCL-90 测试(见表5-6),进一步量化了解其心理障碍的严重程度。

表 5-6　SCL-90 测试结果

项目	躯体化	强迫	人际关系敏感	抑郁	焦虑	敌对	恐怖	偏执	精神病性	其他
分数	3.81	3.26	3.74	3.23	2.60	2.83	1.27	2.56	3.14	2.71

周某总分为 219 分,阳性项目数 65 个。总体来说,周某心理健康程度低,具体表现为:躯体化特征明显,经常感到头痛、腰酸、乏力;总对自己做过的事情不放心,反复检查;敌对意识强,与他人相处困难;常常会莫名地忧伤,感觉生活没有信心;经常对未来产生焦虑,不由自主地烦躁不安。

3.在囚风险量表评估

表 5-7　在囚风险评估结果(前测)

项目	暴力倾向行为	抑郁倾向	自杀倾向	守法行为	人际关系敏感性	调节能力	宽容心	占有欲
分数	83	61	37	46	55	52	48	60

从表 5-7 可以看出,总体特征为:暴力倾向及暴力行为倾向严重;抑郁指数较高;法律概念模糊,不尊重法律的威严,守法行为意识差;自我调节能力较差;理解他人和包容心态欠缺;对他人的东西占有欲望较强烈。

二、证据收集

(一)已然证据

矫正工作者对暴力犯和已有矫正案例进行检索、对比,共有 45 篇与本案例情况相似。其中 12 例个案开展艺术矫正、心理矫治、劳动矫正和亲情帮教等矫正手段,其中艺术矫正和心理矫治综合运用时间为 1 年,反复性不强。劳动矫正也取得一定效果。

(二)文献证据

检索经研究证明实施后能够有效降低在囚风险的方法、技术等,寻求最佳的矫正手段,取得最佳的矫正效果。检索和查找的证据库主要为:中国知网、《犯罪与改造研究》《中国监狱学刊》等。

可资借鉴的有:刘志强在《吉林公安高等专科学校学报》上刊登的《暴力罪犯人格特征的初步研究》,反映出男暴力罪犯经常对别人采取怀疑态度,夸大自己的问题,让人觉得更坏些。这种欺诈性的人格特征与国内的相关研究一致。男性暴力罪犯的人格特征主要还表现为敌意、易激惹、偏执、虚伪、自我中心、不可信赖等，并伴有模糊的疑病体症和焦虑、对立、消极的情绪体验。国内外的相关研究还表明男性暴力罪犯具有显著的疑病人格、病态人格特征。

（三）筛选证据

矫正工作者根据周某的现实表现和在囚风险量表及 SCL-90 量表的测试结果，并综合杂志与中国知网等资料，输入关键词检索后，决定最佳矫正证据为《暴力罪犯人格特征的初步研究》和《50 名暴力罪犯的 MMPI 人格因素分析》两个研究报告。

三、矫正需求分析

（一）犯因性需求分析

一是人际关系处理能力较差。周某自幼失去母亲，与其妹妹也很少联系；在与同犯相处中，处理方式欠妥；当看到同犯能够购买物品时，嫉妒心理油然而生，不能够很好地平衡自我。二是爱与被爱的需求。周某从小家庭结构不完整，缺少父母的关爱，情感无法得到寄托，看到别的小朋友有父母疼爱，嫉妒、自卑心理油然产生。家的概念在他心目中一片空白，经常在网吧上网，结交了社会上的不务正业人员，慢慢变成了一个同情心较差的人，不能用换位思考的方式去体察别人的感受，甚至冷酷残暴，遇到问题解决方式简单粗暴。三是尊重的需求。周某自述，小时候没钱买衣服，小伙伴们都嘲笑他是个穷光蛋！在打工时，因为身体瘦弱，干起活来，力气不足，厂里老板也斥责他，周某的自尊心严重受挫。

（二）循证矫正的介入分析

1. 优势

周某能够较快适应监狱生活，能够主动要求，并配合矫正工作。矫正对象现实风险产生原因和犯因性需求一致，两项可以合并解决，既能消除现实风险，又能教育改造罪犯。同时，周某非常想念自己的女儿，亲情教育占有很大优势；对养花有一定的兴趣。

2. 难点

一是从周某的文化程度上看，为小学文化。同时，周某情感冷漠、抑郁，对他人漠不关心，表现在行为特征上则为内向性和报复性。

二是从人生经历看，周某自幼得不到母爱，对社会极度不满，报复心理严重。

三是从周某的狱内表现看，周某大账很少；平时小违规不断，大违规没有；与同犯关系较紧张，有较大的暴力冲突事件发生的安全隐患。

（三）在囚风险评估与分析

2013年1月，周某首先接受了由浙江警官职业学院自主研发的《在囚风险评估量表》测试，暴力倾向因子得分为62分，属高度在囚风险罪犯。接着是对他进行专业评估，由监狱二级心理咨询师通过包干民警谈话、罪犯个别谈话、同犯访谈和档案查阅后，综合评估量表的结果，再一次进行在囚风险评估。

矫正小组综合周某的个人成长史、与他人的关系及量表测试结果，将其犯因性需求确定为：人生观、价值观扭曲，焦虑情结过重产生的认知障碍。当前发生的一件事影响很大：2012年12月，周某通过亲情电话与妻子通话时发现妻子更换了电话号码，此后一直未能与妻子联系上，周某怀疑妻子已带着女儿离他而去，再加上生活没有来源，情绪时好时坏，多次与同犯发生争执，仇视心理与日俱增。

四、方案设计

（一）目标制定

根据对周某问题的综合归纳分析及矫正证据的分析，确定其问题的总体矫正目标为：提高人际关系处理能力，提升人生价值观念，消除在囚风险。

（二）目标分解

根据周某犯因性需求，尊重周某的意愿，矫正工作者与其共同确定了对其进行矫正的近期目标、中期目标和远期目标。

近期目标：提高人际关系处理能力，增强适应能力；

中期目标：加强自我认知，提升人生价值观念，提高自我调节能力；

远期目标：促进人格成熟，消除在囚风险。

（三）项目设置

将阶段目标进行分解，设置为项目形式，安排好次序，有计划、有目的地实施矫正活动。本个案项目矫正要采取：艺术矫正、认知—行为矫正、劳动矫正和亲情帮教矫正。

1.艺术矫正项目

通过周某园艺花卉的种植过程，利用非语言工具，将潜意识压抑的感情与冲突暴露出来，并且在花卉种植的过程中，获得释放，从而达到艺术矫正的良好效果。

2.认知—行为矫正项目

通过矫正工作者引导，改变周某暴力冲突的想法，帮助其减少暴力行为的发生，促进认知转变。

3. 劳动矫正项目

通过周某参加制作发卡的劳动过程,并辅以同犯帮教,帮助周某学会如何与他人友好相处,同时其耐力和同理心得到一定的培养。

4. 亲情帮教矫正项目

通过安排周某与其妻子和女儿见面,触动周某的良知,对其人生观和价值观带来大的改变,为增强矫正效果增添厚重的一笔。

(四)契约建立

1. 动机评估

通过动机评估量表对周某参与循证矫正的动机进行评估。同时,通过真诚交流、共情、适度宣泄,获得周某信任,强化内在动机,提升周某动机水平。

2. 全程参与

根据风险—需要—响应原则,将周某存在问题、矫正项目和矫正方案向其公开反馈,同时告知方案实施将带来的变化,以提高周某改变的动力,充分尊重周某参与矫正的知情权,充分发挥周某参与矫正的积极性。

3. 契约签订

在告知周某相关情况后,要求周某签订矫正契约书,严格规范矫正项目和矫正时间、地点、参与者等,明确双方的权利和义务等。

(五)方案评估

由督导组根据循证矫正方案评估要求,对矫正方案中各环节进行信度、效度等评估,并根据评估结论,提出修改意见。

五、方案实施

根据周某的犯因性问题,循证矫正小组通过查阅相关资料,学习相关理论,结合矫正的实际经验,为矫正周某寻求最佳证据依据。经过矫正小组成员专题会议讨论,一致认为适用周某的最佳矫正手段以艺术矫正为主。

(一)艺术矫正项目实施

艺术矫正手段很多,如绘画疗法、书法、写作、文学作品赏析、音乐治疗等,在这里我们选择的矫正手段是花卉的栽植。在花卉栽植整个矫正过程中,将周某的犯因性需求分解融合在每个矫正阶段中。对于每个矫正步骤的实施,矫正工作者将预期要达到的矫正目标贯彻其中。

1. 花卉栽植的选择

选用花卉的栽植基于以下几个因素考虑:

一是周某的自愿原则。2013 年 2 月 26 日,管教民警通过了解知道周某喜欢和同犯谈论一些关于养花的话题。管教民警随后与心理咨询师讨论能否培养一下周某养花的兴趣,这样既能分散周某的注意力,将精力集中到养花上来,还能陶冶其情操。心理咨询师找周某开始了一段交流对话。

心理咨询师:最近感觉生活还好吧?

周某:总体还好。就是有时感觉很无聊的,精神寄托少了点。

心理咨询师:是的。我们的生活不能缺少精神需求。没有了精神寄托就像在大海里漂泊的轮船失去了方向。

周某:就是。(周某双手紧握,头转向了窗外)

心理咨询师:听说你对养花很有兴趣?

周某:曾经在同犯订阅的有关养花的杂志上,看到那些漂亮的花,我的心情莫名的就很舒服。

心理咨询师:这样好啊!值得肯定的。如果现在我们给你提供一个养花的机会,你愿意去做吗?

周某:呵呵,那当然好了!(微笑地看着心理咨询师)

二是环境的优越性。在这里,环境分为自然环境和人文环境。自然环境:阳光比较充足,用水便利。人文环境:分监区有三位管教民警擅长养花,在分监区已经养了几种花。罪犯中也有几个喜欢养花的。

三是养花对心理的作用。首先,养花能够提高注意能力;其次,养花能够提高人的意志力;最后,养花能够提高人的情绪调节能力。

2. 场所选择

考虑到阳光充足的需要,并且不能影响正常改造秩序,为此,养花场所选择在分监区小院子一角落里。

3. 矫正资源

考虑到在养花的过程中,周某可能会出现心理方面的波动,为此,矫正过程配备一名二级心理咨询师。养花需要一定的专业技术,所以需要一名富有养花经验的管教民警共同完成这个矫正项目。周某是暴力型罪犯,为更好地帮助周某实施矫正,并预防在矫正项目实施过程中出现暴力行为,矫正工作组特安排性格特征稳定、处置事件能力强、与周某关系相对较好的三名罪犯作为帮教团队。

4. 技术支撑

管教民警的指导和有关养花的书籍。

5. 花卉选择

管教民警向周某介绍一些花的种类,让周某自己选择花的品种。周某选择了金心吊兰。周某自述,因为金心吊兰是常绿多年生草本,地下部有根茎,叶细长,它代表着旺盛的生命力,给人以希望。2013 年 3 月 18 日,管教民警从花鸟市场为周某买回 4 盆金心吊兰。

6. 矫正过程

(1)意志力的培养。2013 年 3 月 19 日下午,管教民警买回三本《盆景花培植技巧》书,并从网络上打印一份关于金心吊兰介绍的资料,一起送给周某阅读。管教民警让周某仔细阅读资料里的知识,然后再去实践操作。

2013 年 4 月 8 日,管教民警带着周某和三名帮教同犯一起到监区一片空地里挖土。因为土地比较硬,挖了五分钟后,周某已经大汗淋漓。"警官,这地也太难挖了吧?!"周某皱起了眉头向管教民警诉苦道。"嗯! 我也感觉到了这块地确实不好挖! 但相信你一定能把这片土翻过来的。"管教民警对现状表示理解,并给予周某及时鼓励。半个小时候后,周某终于攻下了"难题",但手心已经磨出了两个水泡。

矫正阶段效果评估。经过前阶段的矫正,周某总体表现较好,能在管教民警的鼓励下完成相应的矫正工作。周某的文化水平较低,阅读能力、理解能力有限,故读书对他来说是件不容易的事情,但周某能够坚持看几页,也是值得表扬的。在下一个阶段,管教民警需要给予其必要的知识引导。周某自述,从小对劳动就存在恐惧心理,为了谋生,只有去偷别人的东西,被抓了几次之后,想想还是出去打工赚点钱踏实。为此,劳动观念的树立,对周某意志力培养至关重要。

处遇设置。针对周某前阶段的综合表现,经分监区区务会集体合议,给予周某开一次小炒的机会。这极大地激励了周某的劳动积极性。

(2)"爱"的意识灌输。养花需要定期浇水和修剪。周某按照管教民警的经验介绍和书本知识,定期对金心吊兰浇水修剪。在此矫正过程中,培养周某"爱"的意识,帮助他学会关爱,懂得关爱。让他感受到爱护花,就像呵护生命一样。

2013 年 4 月 25 日上午,周某看到有一棵金心吊兰叶子枯萎了,心情很烦躁。"我辛辛苦苦养的花怎么会这样呢?"周某说着,把洒水壶扔到了地上。嘴里不停地唠叨着,并用拳头用力砸了一下墙。管教民警发现后,立即安排帮教同犯将其带回到小组内,安静一下。

(3)心理矫治的介入。2013 年 4 月 26 日上午,心理咨询师对周某进一步展开心理咨询。

心理咨询师:你能谈谈昨天的事情吗?

周某:昨天当我看到吊兰好几片叶子都死了,我的心里很气愤。怎么会这样呢?

心理咨询师:哦,那是挺令人伤心的。

周某:是的啊!

心理咨询师:你有一颗善良的心,这点值得肯定。

周某：我只感觉它也是有生命的，虽然它不会说话。

心理咨询师：是的，万物都是有生命的。那你有没有想过是什么原因造成叶子枯萎的呢？

周某：我也不知道。

心理咨询师：当我们不知道原因的时候，还是需要冷静地分析一下，找到解决问题的方法。你说对吗？

周某：嗯！我当时是冲动了。对不起！

为进一步巩固周某的人际交往能力，使其懂得在集体生活中互相关爱，互相支持，改变其嫉妒、冷漠心理，于2013年5月26日（正好是周某的生日），心理咨询师组织花卉班成员做一次关于"勺子吃蛋糕"的团体心理辅导。分监区特意为周某准备了生日蛋糕。大家为他点上生日蜡烛，共唱生日快乐歌。

心理咨询师：今天我们欢聚一下，主要是庆祝周某的生日，同时我们一起来做一个游戏。接着，心理咨询师为每位参加团体心理辅导的成员发了一把长长的塑料勺子，并告诉他们只能用自己的勺子吃自己的蛋糕。然后大家纷纷用右手拿勺子，但无法吃到蛋糕，又换成了左手，同样还是吃不到蛋糕，都非常郁闷。心理咨询师：大家吃到蛋糕了吗？花卉班成员都无奈地摇摇头。心理咨询师：好，那现在我们换一种吃法吧。你们用勺子把蛋糕弄起来，然后相邻的两个人相互把勺子里的蛋糕送给对方吃，看能不能吃到？结果每个人都吃到了蛋糕。心理咨询师：大家想想这样做为什么使每个人都能达到目的呢？经过这次的团体心理辅导，让周某深刻感悟到相互关爱的重要性。

（4）人际关系能力的培养。矫正工作组考虑到花卉的栽植，能够培养一个人的意志力，这对于罪犯的意志力考验是个很好的机会，特别是对于暴力罪犯来说，更是一种考验。同时，为了提高周某的人际交往能力，培养共同学习、共同劳动、互帮互助意识，矫正工作者根据花卉栽植自愿报名的人数，组建了花卉栽植班。

在栽植中，管教民警特意把三个情绪稳定、综合能力强并且不懂养吊兰的同犯和周某安排在一个小组。目的主要是：第一，有助于情绪方面的帮教。管教民警让帮教同犯与周某一起谈谈心，聊聊家常，提高人际互动交流水平，共同学习有关情绪管理内容。第二，栽植技术的相互学习，更多是管教民警引导周某主动去帮助三个同犯学习吊兰的养殖方法。在此过程中，让周某感觉到自己的前期学习与努力没有白费，终于有用武之地，人生的价值得到了较好体现，并赢得同犯们的尊重，自尊心、自信心得到有效提升。

7.矫正项目效果评价

矫正项目操作的可行性。花卉栽植，成本低，容易在分监区普及推广，技术要求相对较低,贴近生活,贴近实际。在花卉栽植的过程中,矫正工作者把周某的犯因性问题融合到其中。每个矫正阶段,带着矫正目标,设置不同的矫正情境,达到预期的目标与效果。

整个矫正过程之后,周某感到学到了花卉栽植技术,这对他刑释后就业是一条很好出路。这其实就是在解决周某的犯因性需求问题:获得技能培训的需求。周某承认在花卉栽植过程中,有时情绪会出现反常。矫正工作者认为,这属于正常情况,这正是让周某能在技能的培养中,进行心理的自我大暴露。这样更有助于矫正工作者解决周某的所有犯因性问题,提升矫正质量。

(二)认知—行为矫正项目实施

1.目标设置

改变对暴力行为的错误认知;认识通过暴力行为满足自我需求的消极后果;学习解决暴力冲突的技巧。

2.填写暴力行为表

让周某在纸上列出在服刑期间最容易让他产生暴力行为的情景。例如:看到同犯有亲属来会见,就想打他;排队就餐时,如果有人排在前面,就想冲上去痛打他一顿。

3.分析产生暴力行为及心理的因素

包括外在因素和内在因素。外在因素:社会环境、监狱环境、监规纪律、民警、他犯等;内在因素:心情、价值观、态度、信仰、认知等。

矫正工作者:你能不能聊一聊为什么会有暴力想法?

提示1:错误解释情境。

认为他人不了解或认为他犯、民警和家人都和自己对着干。

提示2:不满他人的做法。

看不惯所有人的行为,认为自己做的才是正确的。

提示3:树立和获得尊重的方式。

认为只有通过暴力行为,他人才会对自己刮目相看。以暴力的手段以期获得他人的尊重。

提示4:没人理我,我任性。

母亲去世较早,认为没有人疼爱他、关心他,不如任性自己。

4.填写暴力想法和行为的表格

矫正工作者引导周某填写表5-8,以收集其关于暴力的相关信息。

表 5-8　暴力行为

让我容易产生暴力的事情	暴力等级	处置方式	替换方案

备注:在暴力等级一栏中,设有 1 至 5 个等级。1＝无法控制暴力,2＝很严重,3＝比较严重,4＝偶尔有,5＝不明显。

5.矫正小结

在上述活动中,矫正工作者引导周某写出暴力事件及等级情况,并和周某一起分析为什么这么做,做过之后结果如何,以及探索暴力之外的替换方案。这对于周某来说,是一次很好的重新认知识自己、反思进步的机会。通过活动,周某也能找到除了用暴力手段处理问题外的其他方案。

(三)劳动矫正项目实施

为矫正周某的恶习,帮助他树立正确的劳动观念,监区根据周某的特点,设置了劳动矫正项目。

1.劳动工具选择

根据周某暴力倾向心理,劳动工具选择塑料制品并且无明显棱角。

2.劳动产品选择

为磨炼周某的耐力,培养其定力,管教民警给他选择了制作发卡的手工劳动。

3.帮教同犯选择

选择处置能力强、人际关系较好、综合表现好的三名同犯作为帮教同犯。

4.矫正过程

管教民警找周某谈话,向其说明参加劳动的意义和价值,走上犯罪道路很重要原因就是因为害怕劳动,拒绝劳动,认为劳动是低人一等的事情。周某听说要参加劳动,眉头紧锁,低头沉默,一言不发。管教民警观察到周某痛苦的表情之后,深知他不想参加劳动。"警官,我从小就没有做过什么活,做钢筋工是没办法的事情!"

随后,管教民警下载几首关于劳动光荣的歌曲,利用周一学习时间放给周某听,并要求他在一周之内要学会两首歌曲,唱给同监舍犯人听。

在劳动现场,管教民警对背景音乐选择以奔放欢快的旋律为主,帮助其释放压抑内心的负性能量。帮教同犯耐心教给周某做发夹的要领、步骤。周某出现抵制情绪时,及时放下手中的劳动,做放松保健操(播放轻音乐)进行放松训练。

反复一个月后,周某感受到了管教民警和同犯的热情真挚的帮助,表示愿意参加劳动,认真学习做发夹的技能。管教民警发现周某有了一点进步,及时给予表扬和肯定,并叮嘱帮教同犯在与周某一起做的时候,速度不要太快,节奏基本上要与其一致,以增强周某劳动的积极性和兴趣,同时通过"你拿工具,我拿卡"合作完成,培养周某人际关系沟通协调能力,树立合作意识。经过三周劳动,周某与他犯交流多了很多,做发夹的速度也有明显提高(见表5-9),产量排在分监区第28名,分监区利用《南孔在线》教育网,奖励他看一部抗日战争电影。周某非常高兴,认为是自己的劳动价值所得,同时周某大账上增加了120元,利用这120元,周某买了洗衣粉、牙膏等生活必需品。自述如果再继续努力,加快速度干活,就不用家人给他寄钱了。这极大鼓励了他的"士气"。管教民警对他取得的进步充分肯定,引导他认识到家人每月寄几百元钱很不容易,没有抛弃他,反而惦记他的生活,教会他学会换位思考,增强感恩之心和同理心。

表 5-9　周某产品产量统计

日期	5.07—5.11	5.14—5.18	5.21—5.25	5.28—6.1	6.4—6.8
产量(个)	7285	7695	7680	8670	9225

注:该分监区罪犯日平均产量为 7500 个发卡。

(四)亲情帮教矫正项目实施

为巩固矫正效果,矫正工作者为周某做沙盘游戏,并进行亲情观教育。

经过管教民警的努力,电话联系到了周某的妻子。为巩固矫正效果,分监区民警安排她们与周某见面。2013 年 9 月 15 日,周某的妻子和女儿来会见周某。管教民警把周某栽植的金心吊兰送到他手里,鼓励周某:这是你辛勤的劳动果实,相信有付出就有回报。今天你的妻子和孩子来看你,为了能让她们看到你的改造成果,你可以把这盆吊兰送给她们,并让她们相信你是好样的。会见窗口,周某见到久违的妻子和女儿,夫妻俩相互正视了几秒钟,情不自禁地流出了泪水。周某的女儿看到吊兰,非常高兴。"爸爸,这是吊兰,好漂亮啊!"周某的自豪感和成就感再次被提升。"这是爸爸养的,好看吧?爸爸送给你。"周某骄傲地对女儿说。妻子告诉周某,她没有改嫁,并且一直在照顾老人和女儿。只要周某在狱内好好改造,她愿意一直等下去。顷刻间,周某对妻子感情的怀疑化为乌有,只有感激的泪水夺眶而出。

处遇设置。两周后,分监区向领导请示,给予周某拨打一次亲情电话的机会。

矫正项目效果评价。亲情的感化力量是无穷的。在周某缺少亲情的关爱下,如何提高改造积极性,将思亲之情化为行为的动力,需要管教民警的细心呵护,强化人文关怀力度。通过会见,周某亲眼看到女儿健康成长,领悟到妻子的贤惠,内心充满了激动,并向妻子保证,一定要好好表现,争取早日回家团聚。

六、效果评估

（一）矫正效果评估

经过艺术矫正手段的运用，2013 年 11 月 15 日，矫正工作小组对周某进行了在囚风险评估，分值达到了预期的目标，并进行了 SCL-90 量表测试，抑郁、焦虑水平、敌对分数等项目已经在正常值范围。经矫正工作小组综合评定，循证矫正的目标基本实现，但同时认为目前周某虽情绪基本正常稳定，但仍存在不稳定因素以及行凶风险，建议继续包夹和进一步矫正。

1. 本人评价

通过三个阶段的矫正，周某认识到之前存在的错误认知与观念，改变了一些不良行为习惯。目前，人际关系较为和谐，劳动态度比较积极，处理问题比较冷静，至今未发生过重大违规违纪事件。

2. 他人评价

（1）民警评价。周某能够服从管教民警的安排，积极参加监内各种文娱活动，个人卫生整理较好，劳动积极性比较高。

（2）同犯评价。周某的性格有明显的好转，能够主动和同犯们交流思想，有不明白的知识及时向他们请教，人际关系较为和谐。

3. 测试评价

（1）EPQ 测试

L 值为 40，报告可信。P、E、N 分别在常模范围内。情绪基本处于稳定状态，自卑心理有了明显改善。

（2）SCL-90 量表测试

总分为 158，阳性项目数低于 43 项，各因子分均低于 2 分，无心理异常现象。

（3）在囚风险量表评估

表 5-10　在囚风险评估结果（后测）

项目	暴力倾向行为	抑郁倾向	自杀倾向	守法行为	人际关系敏感	调节能力	宽容心	占有欲
分数	37	50	28	69	34	55	61	48

从测试结果（见表 5-10）看，暴力倾向行为分数明显降低，达到正常值水平；抑郁、自杀倾向指数下降；守法行为能力提高；与同犯关系比较和谐，调节人际关系能力有提高；对他人也有了较高的宽容度；对物质的占有欲望减低。

（二）矫正成本分析

矫正过程中，矫正工作者只提供了花盆、花卉和相关书籍，矫正成本较低。

在劳动项目矫正中,发卡的成本也较低,而且劳动成果还能产生经济效益。这也是循证矫正和传统矫正模式的差别,用最低的成本,换取最大的效益。

七、暴力类罪犯循证矫正体会

对周某的循证矫正工作,在罪犯的配合下,矫正工作者实施积极的教育管理措施,取得了较好效果。

(一)树立信息为先理念

信息为先是要求在采取改造策略前,要对暴力型罪犯具体的信息进行深入了解和挖掘,如犯罪原因、家庭情况、身体状况、兴趣爱好、性格特征以及有无重大负性生活事件的影响等。这是实施循证矫正重要的前提,是寻"证"的基本要素,是做好循证矫正工作的重要保障。暴力罪犯信息的搜集,必须利用好耳目、信息员和深入监舍内部了解情况、发现问题,保证矫正措施的针对性和有效性。

(二)时刻注意尊重

矫正工作者在循证矫正中,扮演着管理者、组织者、指导者、帮助者和促进者的综合角色。矫正工作者要具有更强的耐心、宽容与亲和力,将心理咨询、感恩教育、思想教育融为一体,并注意尊重罪犯的人格,倾听他们的倾诉,不随意给罪犯贴上有"某某疾病"的标签,从而减轻暴力类罪犯的心理负担,降低他们的抵触情绪,能让他们在矫正过程中敞开心扉,主动接受矫正,提高矫正效果。

(三)配置好帮教团队

暴力型罪犯思想复杂,情绪容易波动。为保证监管安全底线,预防暴力型罪犯发生意外事件,矫正前要配置好帮教团队,为循证矫正保驾护航。

附　录

再犯风险评估表的制作过程

再犯评估表的制作过程可以分为:建立实验组与对照组、收集资料、选择预测因子、预测因子的赋值、编制预测表五个步骤。

一、实验组和控制组的选择

再犯风险评估研究的核心问题是预测项目的设计和研究样本的选择。选样的实质是确定用于对照比较的实验组和控制组。综观各种再犯风险评估研究,其确定实验组和控制组的方法有如下四种。这几种方法共同的目标是尽量减少来自于环境的影响(科学性)和节约调查成本(可行性)。而实际上,选样是科学性和可行性的权衡与妥协。作为研究者必须清楚各种选样方法的局限性和对研究结果的不利影响。

(一)纵向选样

1. 追踪选样

纵向选样中的追踪选样法是以某一地区监狱一定时间段内释放的全部罪犯为对象,追踪数月或数年。将在此期间再犯和未再犯者自然分成实验组和控制组。如图 6-1 所示。1923 年美国学者瓦纳(Warner)从麻省感化院选取了 680 名罪犯进行的假释预测研究[1],以及 1930 年格鲁克夫妇(Sheldon & Eleanor T. Glueck)再犯风险评估均采用了此方法[2]。由于可以认为同时释放的罪犯(入狱

---

①　Warner S B. Factors determining parole from massachusetts reformatory. Joural of Criminology, 1923(14):172-207.

②　有学者认为这种方法的缺陷还在于初犯者中会有再犯者,从而影响到比较结果的准确性。而事实上,预测所用的主要方法是 χ^2(卡方)检验,其计算公式为: $\chi^2 = N\left(\sum_i \dfrac{f_{0_i}^2}{f_{x_i} f_{y_i}} - 1\right)$。可以证明(数学证明从略)实验组样本混入控制组只能使卡方值减小,从而减小实验组和控制组的差异,这时拣选出的预测因子应更具预测力而不是相反。这好比我们比较一杯热水和一杯冷水之间的温差时,把部分热水掺入冷水杯,这时的温差只能比原来的温差小。

前、服刑中、释放后）生活于大致相同的环境之中，所以，环境的影响也基本相同——社会危险性基本相当。这时，就可以把人身危险性视同为再犯可能性。这种方法有很高的科学性，但长时间追踪回归者相当困难，地域广阔、人口众多的地区采用此法几乎不可能。

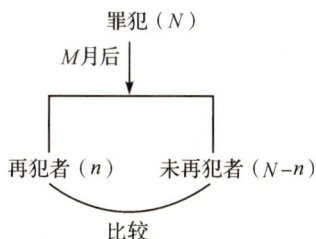

图 6-1　追踪选样

2.回溯选样

纵向选样中的回溯选样法是以某一地区监狱在押的再犯为实验组，而以数月或数年前与再犯者同期释放的迄今未再犯者为控制组。由于实验组为在押罪犯，这使寻找样本的难度减少近半。但是，建立控制组的难度大于采用追踪法的难度，这是因为没有像追踪选样法那样事先将研究对象纳入追踪计划而使未再犯者更加难以寻找。如图 6-2 所示。

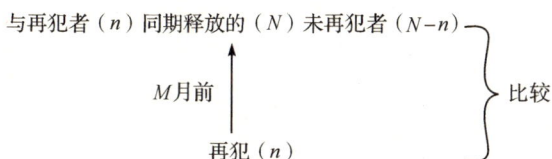

图 6-2　回溯选样

（二）横向选样[①]

1.初犯同期选样

横向选样中的初犯同期选样法是以监狱在押的罪犯为研究对象，把初犯者作为控制组，把初次犯罪与初犯者犯罪同期的再犯者作为实验组。如图 6-3 所示。这种方法简便易行，并能使初犯者与再犯者早期犯罪时的社会环境相一致。但其主要缺陷在于：（1）与初犯者同时关押的再犯者大多是初次犯罪判刑较短的罪犯，而与再犯者初犯时期相同而今天仍在狱中服刑者多为重刑犯。因此，这会造成样本的重大偏差。（2）再犯者初次服刑的环境与初犯者本次服刑的环境有所不同。

---

① 黄兴瑞：《人身危险性的评估与控制》，群众出版社 2004 版，第 149 页。

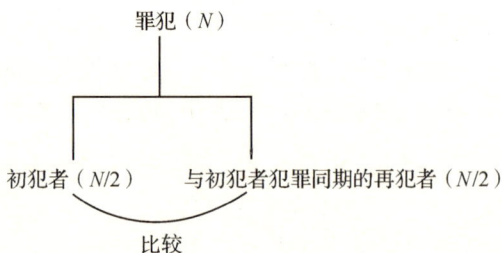

图 6-3　初犯同期选样

2. 初犯不同期选样

横向选样中的初犯不同期选样法是以监狱在押的罪犯为研究对象,把初犯者作为控制组,把再犯者作为实验组。如图 6-4 所示。黄兴瑞教授的再犯风险评估研究即采用了这种选样方法[1]。这种方法最为简便易行,其主要缺陷在于:(1)再犯者与初犯者初次犯罪时的环境不同;(2)再犯者初次服刑的环境与初犯者本次服刑的环境有所不同。

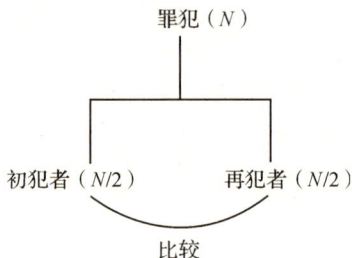

图 6-4　初犯不同期选样

二、收集预测资料

从 1983 年 7 月开始,台湾大学法学院张甘妹教授主持了再犯风险评估研究。研究者从台湾高等法院检察处资料中心选取了自 1979 年 1 月 1 日—12 月31 日期间出狱至 1984 年 8 月 31 日为止未再犯者 160 名,再犯者 157 名作为调查样本。调查项目分为犯罪经历、家庭经历、社会经历、职业经历、学校经历、狱中状况、生理与心理状态等七大类因素,共 66 个子项目[2]。2003 年 11 月至 2004年 5 月期间浙江警官职业学院院长黄兴瑞教授采用主观抽样方法对浙江 715 名在押罪犯进行了调查,调查项目涉及研究者认为可能与再犯相关的两大类因素:一是社会因素,共 7 大类别 61 个项目;二是心理因素,共 16 个项目。7 大类社

---

[1]　黄兴瑞:《人身危险性的评估与控制》,群众出版社 2004 版,第 149 页。

[2]　张甘妹:《再犯预测之研究》,台湾法务通讯杂志社 1987 年版,第 130 页。

会因素为:第1类为基本情况,包括出生和成长环境、文化程度、学习成绩等;第2类为早年家庭情况,包括家庭结构、父亲的教育方式、母亲的教育方式;第3类为早年不良行为,包括打架、偷盗、借钱不还、强要别人东西、吸烟、喝酒、与父母争吵、当面骂老师、逃学、离家出走、性生活经历、破坏公物、赌钱、骗家长的钱、说谎;第4类为不良行为模式,包括不良交友、酗酒、吸毒、文身、开支无度;第5类为犯罪情况,包括初犯年龄、初犯罪行种类、犯罪时的职业、犯罪时的就业状况、犯罪时的家庭收支情况、犯罪时的居住情况、犯罪时有无接触毒品的条件、是否预谋犯罪、犯罪动机、对待被害人的态度、共犯人数、犯罪地与居住地的关系、被捕时态度、作案起数;第6类为刑罚情况,包括第一次被逮捕年龄、罪名、刑期、对判决的态度、累进处遇的级别、服刑期间是否有过自杀行为、服刑期间有无脱逃行为、服刑期间有无犯罪行为、服刑期间被评为"改造积极分子"的次数、是否被减刑、是否扣过"劳积分"、是否被关过禁闭、是否学到了就业技能;第7类为出狱情况,包括释放时的年龄、实际关押时间、出狱形式、出狱时的婚姻状况、出狱时的家庭经济状况、出狱时的依亲状况(家庭成员数量、能提供帮助的家庭成员数量、需要帮助的家庭成员数量)。心理因素调查采用了国内修订的卡特尔16项人格量表(16PF)[1]。

三、选择预测因子

预测因子的选择方法通常采用 χ^2(卡方)检验。对于再犯风险评估来说,一般能保证样本为大样本且样本相互独立。因此,可以直接用下式计算:

$$\chi^2 = N\left(\sum \frac{f_{0_i}^2}{f_{x_i} f_{y_i}} - 1\right)$$

式中,f_{0_i} 为实际观测数,f_{x_i}、f_{y_i} 为实际观测数所在行与列的边缘分布次数。

下面以犯罪类型为例具体说明如何用 χ^2(卡方)检验筛选预测因子,见表6-1。

表6-1 犯罪类型与是否再犯的 χ^2(卡方)检验

犯罪者类型	未再犯组(y)	再犯组(y)	f_{x_i}
初犯(x)	73	27	100
累犯(x)	7	23	30
再犯(x)	14	12	26
常习犯(x)	6	38	44
f_{y_i}	100	100	$N=200$

---

① 黄兴瑞、孔一、曾赟:《再犯预测研究——对浙江罪犯再犯可能性的实证分析》,《犯罪与改造研究》2004年第8期。

$P < 0.01$ 时，

$$\chi^2 = N\left(\sum \frac{f_{0_i}^2}{f_{x_i}f_{y_i}} - 1\right)$$

$$= 200 \times \left(\frac{73^2}{100 \times 100} + \frac{72^2}{30 \times 100} + \cdots + \frac{38^2}{44 \times 100} - 1\right) \approx 53.0。$$

临界值的自由度为 $(r-1)(c-1)$，其中 r、c 分别表示行数和列数。

在本例中自由度为 $(3-1) \times (2-1) = 3$。

查 χ^2 分布表，$\chi^2_{(3)0.01} = 11.3$。

$\chi^2 > \chi^2_{(3)0.01}$。

故犯罪者类型与是否重犯有关联，或者说不同的犯罪者类型在是否重犯上有显著差异。

张甘妹教授根据以上方法最后筛选出 6 个与是否再犯关系显著的预测因子：(1)犯罪者类型；(2)判决刑期；(3)收容前的受刑经验；(4)第一次犯罪年龄；(5)配偶的状态；(6)文身状况。黄兴瑞教授的研究更进一步，他们对所有数据均运用 SPSS for win. 软件进行了统计分析。分析步骤如下：(1)检验再犯与初犯之间是否存在显著性差异，对定距以下变量采用了 χ^2 检验方法，对定距以上变量采用了平均数方差分析(ANOVA)。P 值均取 0.01。(2)对拣选出的 $P < 0.01$ 的各因素，再求 λ 或 τ 或 E^2 系数来分析其预测效力。PRE 值要求大于 10%。(3)对拣选出的有高度相关性(相关系数大于 0.7)的因素根据其易获得性选择其一。如最早的一次犯罪年龄和第一次被逮捕年龄有高度相关(Pearson 相关系数等于 0.964)，而第一次被逮捕年龄比最早的那次犯罪年龄更容易获得和确定，因此最后取"第一次被逮捕年龄"作为预测因子。最后，从 61 项社会因素中鉴别出与是否再犯相关的 36 个项目，从 16 项心理因素中鉴别出 5 个项目。再根据显著性、独立性和有效性拣选出早年不良行为，不良行为模式，犯罪时职业，对被害人的态度，第一次被逮捕年龄，罪名，前科次数，刑期，服刑期间是否学到就业技能，释放前的管理级别，出狱时年龄，出狱时婚姻等 12 项因素作为预测因子。

四、给预测因子赋值

给每一预测因子的不同属性给出相应的分数，有 A 式和 B 式两种方式。A 式与 B 式预测数计算法如表 6-2 所示。

表 6-2　早年不良行为得分

不良行为① 数目	再犯组(%) (1)	初犯组(%) (2)	再犯率(%) (1)/[(1)+(2)]	A 式得分 (1)/[(1)+(2)]×100	B 式得分
0～2 项	35.0	43.6	44.5	44.5	0
3～4 项	34.1	6.7	48.2	48.2	0
7～6 项	30.9	19.7	61.1	61.1	1
N	337	30			

依次类推,计算出所有预测因子各属性对应的分数。

五、编制预测表

编制预测表就是把已经赋值的各预测因子编排进一张表格里,并给出整合总分的意义解释。仍以张甘妹教授的研究为例说明编制的步骤。

（一）编排总得分表（见表 6-3）

表 6-3　6 项预测因子的总得分

预测因子		A 式得分	B 式得分	预测因子		A 式得分	B 式得分
犯罪者 类型	初犯	27.4	0	第一次 犯罪年 龄	12～18 岁未满	65.7	1
	累犯	75.3	1		18～25 岁未满	54.7	1
	再犯	45.5	0		25 岁以上	38.0	0
	常习犯	87.0	1	配偶的 状态	未婚	58.4	1
判决 刑期	6 个月～1 年未满	47.6	0		结婚(包括同居)	33.8	0
	1～2 年未满	59.2	1		死亡或离婚	60.3	1
	2～3 年未满	48.7	0	文身 状况	无	42.4	0
	3～5 年未满	58.5	1		有	67.1	1
	5 年以上	21.9	0				
收容前 的受刑 经验	0 次	32.4	0				
	1～2 次	74.4	1				
	3～4 次	93.7	1				
	5 次以上	100	1				

（二）依据总得分表计算出每一个样本的得分

如一个有文身的、未婚的、第一次犯罪年龄为 17 岁的、在收容前有两次受刑经验的、被判处 2 年零 6 个月的常习犯的 A 式和 B 式得分分别为:

A 式得分＝87.0＋48.7＋74.4＋65.7＋58.4＋67.1＝401.3;

---

① 张甘妹教授采用了[(1)+(2)]/2(即平均数)与(2)的比较,若(2)>[(1)+(2)]/2 则得 1 分,若(2)<[(1)+(2)]/2 则得 0 分。其实(2)与[(1)+(2)]/2 的关系可以简化为(1)与(2)的关系。另外,由 A 式、B 式的得分观察可知,当 A 式得分大于 50.0 时,B 式得分为"1",反之为"0"。这在数学上也可以获得证明:(1)与(2)的关系等同于(2)/[(1)+(2)]与 0.50 的关系。

B 式得分＝1＋0＋1＋1＋1＋1＝5；

所有有效样本的分数皆需一一计算。

（三）数据区间的划分

依据总得分表计算出的理论极差（各项最高分之和与各项最低分数之和的差）为全距，将数据区间分为 N 等份[1]。

以黄兴瑞教授研究中 A 式为例：

理论极差＝各项最高分－各项最低分＝825－385＝440。

组距＝理论极差/N；

当 N＝3 时，组距＝147，区间为[385,532)，[532,679)，[679,825)；

当 N＝4 时，组距＝110，区间为[385,495)，[495,605)，[605,715)，[715,825)。

（四）计算有效样本数

以等分区间（分数段）和组别属性为纵横栏做交互表，计算每一交集的有效样本数。张甘妹教授研究中的四级[2]交互表可列示如表 6-4 与表 6-5 所示。

表 6-4　A 式四级交互关系

分数段	再犯组人数	未再犯组人数
200 分以下	0	9
200～299	52	125
300～399	86	24
400 分以上	19	2
合计	157	160

表 6-5　B 式四级交互关系

分数段	再犯组人数	未再犯组人数
0	3	27
1～2	32	82
3～4	70	42
5～6	52	9
合计	157	160

（五）计算各分数段的再犯可能率

再犯可能率的计算方法如表 6-6 和表 6-7 所示。

---

① 经计算张甘妹教授研究中的理论极差为[195.5－439]，但她分组时并未以此为全距来等分。究竟哪种方法更好，还需要理论的探讨和实践的检验。

② 得分分为四挡的叫作四级再犯预测表。另外也可以制成三级、六级等不同形式的预测表。

表 6-6　A 式四级再犯风险评估

分数段	再犯组人数(1)	未再犯组人数(2)	再犯可能率(%)(1)/[(1)+(2)]
200 分以下	0	9	0
200~299	52	125	29.4
300~399	86	24	78.2
400 分以上	19	2	90.5
合计	157	160	

表 6-7　B 式四级再犯风险评估

分数段	再犯组人数(1)	未再犯组人数(2)	再犯可能率(%)(1)/[(1)+(2)]
0	3	27	10.0
1~2	32	82	28.1
3~4	70	42	62.5
5~6	52	9	85.2
合计	157	160	

　　止此,再犯风险评估表制作完成。成型的再犯罪预测表可用于临床预测,如缓刑判决评估、入狱前危险性鉴别、假释裁定评估、出狱前危险性评价。

参 考 文 献

[1]管荣赋,徐肖东,李凤奎.循证矫正项目.南京:江苏凤凰出版社,2014.

[2]郭健.美国循证矫正的实践及基本原则.犯罪与改造研究,2012(7).

[3]黄兴瑞,孔一,曾赟.再犯预测研究——对浙江罪犯再犯可能性的实证分析.
犯罪与改造研究,2004(8).

[4]黄兴瑞.人身危险性评估与控制.北京:群众出版社,2004.

[5]姜贵盛.当前盗窃罪犯的"八个突出".法学论坛,1991(4).

[6]金瑜.心理测量.上海:华东师范大学出版社,2001.

[7]孔一.再犯预测的基本概念辨析与选样方法评价.江苏警官学院学报,2005
(6).

[8]李化侠,李小平.男性盗窃人员人格结构分析.健康心理学杂志,2006(2).

[9]李玫瑾.犯罪心理研究——在犯罪防控中的作用.北京:中国人民公安大学出
版社,2010.

[10]连春亮.论循证矫正的谱系循证.教育与改造研究,2013(9).

[11]马傅镇.再犯预测.犯罪学与刑事政策,2000(3).

[12]宋行,洪祥主.循证矫正理论与实践.北京:化学工业出版社,2013.

[13]王明迪.罪犯教育概论.北京:法律出版社,2001.

[14]王平,安文霞.西方国家循证矫正的历史发展及启示.中国政法大学学报,
2013(3).

[15]王锐.关于盗窃惯犯人格特征评估与罪犯对策的研究.辽宁警专学报,2010
(3).

[16]王泰.罪犯管理概论.北京:法律出版社,2001.

[17]夏苏平,狄小华.循证矫正中国化研究.南京:江苏人民出版社,2013.

[18]夏苏平.江苏省浦口监狱开展循证矫正的思路及对策.犯罪与改造研究,
2013(4).

[19]熊晓燕.盗窃犯与正常人MMPI对比研究.健康心理学杂志,2001,9(2):
151—152.

[20]许春日.犯罪学.台北:台湾三民书局,1996.

[21]于爱荣.矫正质量评估.北京:法律出版社,2008.

[22]翟中东.国际视域下的重新犯罪防治政策.北京:北京大学出版社,2010.

[23] 曾赟. 逐级年龄生平境遇犯罪理论的提出与证立. 中国法学, 2011(3).

[24] 张甘妹. 犯罪学原论. 台北: 台湾汉林出版社, 1985.

[25] 张甘妹. 再犯预测研究. 台北: 法务通讯杂志社, 1987.

[26] 张弓, 胡纪明, 陈士义. MMPI 测查盗窃犯的结果分析. 健康心理学杂志, 1997(2).

[27] 张晶. 走向启蒙—基于监狱·矫正的视角. 北京: 法律出版社, 2008.

[28] 张晶. 循证矫正的中国话语——以循证矫正的原则为视角. http://www. cnprison. cn/bornwcms/Html/lljj/2013—09/14/4028d117403c414e01411c 970af60e9e. html, 2014—6—17.

[29] 张苏军. 在循证矫正方法及实践与我国罪犯矫正研讨班上的讲话. 犯罪与改造研究, 2013(1).

[30] 张苏军. 在循证矫正研究与实践科研项目领导小组第一次会议上的讲话. 犯罪与改造研究, 2013(8).

[31] 张新民. 社区矫正风险评估研究. 南京: 南京大学出版社, 2009.

[32] 章恩友. 关于盗窃犯心理健康状况的初步研究. 青少年犯罪问题, 1997(2).

[33] 赵军. "先知"之惑——犯罪预测局限性研究. 河南公安专科学校学报, 2010(6).

[34] 周勇] 矫正项目: 教育改造的一种新思路] 中国司法, 2010(4).

[35] Andrews D A, Bonta J. The Psychology of Criminal Conduct. Cincinnati, OH: Anderson Publishing Co. , 1994.

[36] Andrews D A, Dowden C. Managing correctional treatment for reduced recidivism: A meta-analytic review of program integrity. Legal and Criminological Psychology, 2005(10): 173—187.

[37] Andrews D A, Dowden C, Rettinger J L. Special populations within corrections. In Winterdyk J A. Corrections in Canada: Social Reactions to Crime. Toronto: Prentice-Hall, 2001:170—212.

[38] Andrews D A, Bonta J. The Level of Service Inventory-Revised. Toronto: Multi-Health Systems, 1995.

[39] Andrews D A, Robinson D. The Level of Supervision Inventory: Second report. (Report to Research Services). Toronto: Ontario Ministry of Correctional Services, 1984.

[40] Andrews D A, Bonta J, Hoge R D. (1990). Classification for effective rehabilitation: Rediscovering psychology. Criminal Justice and Behavior, 1990,(17):19—52.

[41]Andrews D A, Bonta J, Wormith S J. The Level of Service/Case Management Inventory (LS/CMI). Toronto: Multi-Health Systems,2004.

[42]Andrews D A, Bonta J, Wormith S J. The recent past and near future of risk and/or need assessment. Crime and Delinquency, 2006(52):7−27.

[43]Andrews D A, Bonta, J. The Psychology of Criminal Conduct (4th ed.). Newark, NJ: LexisNexis,2006.

[44]Andrews D A, Zinger I, Hoge R D, et al. Does correctional treatment work? A psychologically informed meta-analysis. Criminology,1990(28): 369−404.

[45]Andrews D A, Dowden C. Risk principle of case classification in correctional treatment: A meta-analytic investigation. International Journal of Offender Therapy and Comparative Criminology, 2006(50):88 −100.

[46]Andrews D A. Principles of Effective Correctional Programs. In Motiuk L L, Serin R C. Compendium 2000 on Effective Correctional Programming. Ottawa: Correctional Services of Canada,2001:9−17.

[47]Arnold T. Dynamic Changes in the Level of Service Inventory-Revised (LSI-R) and the Effects on Prediction Accuracy. Unpublished Master's Dissertation, St. Cloud University, St. Cloud, Minnesota,2007.

[48]Bailey W C. Correctional outcome: An evaluation of 100 reports. Journal of Criminal Law, Criminology and Police Science,1966(57): 153−160.

[49]Blanchette K, Brown S L. The Assessment and Treatment of Women Offenders: An Integrative Perspective. Chichester, England: John Wiley & Sons,2006.

[50]Bonta J. Offender risk assessment: Guidelines for selection and use. Criminal Justice and Behavior,2002(29): 355−379.

[51]Bonta J. Offengder risk assessment and sentencing. Canadian Journal of Criminology and Criminal Justice,2007.

[52]Bonta J, Andrews D A. Risk-need-responsivity Model for Offender Assessment and Rehabilitation. Canada:[s. n.],2007.

[53]Bonta J, Bogue B, Crowley M, Motiuk L. Implementing offender classification systems: Lessons learned. In Bernfeld G. A. , Farrington D P, Leschied A W. Offender Rehabilitation in Practice: Implementing and

Evaluating Effective Programs. Chichester, England: Wiley. ,2001:227—245.

[54]Bonta J, Law M, Hanson R K. The prediction of criminal and violent recidivism among mentally disordered offenders: A meta-analysis. Psychological Bulletin, 1998,123: 123—142.

[55]Bonta J, Wallace-Capretta S, Rooney R. A quasi-experimental evaluation of an intensive rehabilitation supervision program. Criminal Justice and Behavior,2000,(27): 312—329.

[56]Bonta J, Wormith S J. Risk and need assessment. In McIvor G, Raynor P. Developments in Social Work with Offenders. Philadelphia, PA: Jessica Kingsley Publishers,2007:131—152.

[57]Bonta J. Risk-needs assessment and treatment. In Harland A T. Choosing Correctional Options that Work: Defining the Demand and Evaluating the Supply. Thousand Oaks, CA: Sage,1966:18—32.

[58]Bonta, J, Andrews D A. A commentary on Ward and Stewart's model of human needs. Psychology, Crime, and Law,2003(9): 215—218.

[59]Bush J, Glick B, Taymans J. Thinking for a Change: Integrated Cognitive Behavior Change Program. National Institute of Corrections. Washington, DC: U. S. Department of Justice,1997.

[60]Campbell M A, French S, Gendreau P. Assessing the Utility of Risk Assessment Tools and Personality Measures in the Prediction of Violent Recidivism for Adult Offenders. Ottawa, Ontario: Public Safety Canada,2007.

[61]Copas J, Marshall P. The Offender Group Reconviction Scale: the statistical reconviction score for use by probation officers. Journal of the Royal Statistical Society, Series C,1998(47): 159—171.

[62]Dan W, Anthony B, Helena F M, et al. Actuarial risk assessment and recidivism in a sample of UK intellectually disabled sexual offenders. Journal of Sexual Aggression,2009,15(1): 97—106.

[63]Dowden C, Andrews D A. The importance of staff practices in delivering effective correctional treatment: A meta-analysis of core correctional practices. International Journal of Offender Therapy and Comparative Criminology, 2004(48): 203—214.

[64]Fedorowycz O. Breaking and Entering in Canada—2002. Juristat, 24,

Ottawa: Canadian Centre for Justice Statistics,2004.

[65]Goldstein A P, Glick B. Aggression Replacement Training: A Comprehensive Intervention for Aggressive Youth. Champaign, IL: Research Press,1987.

[66]Goldstein A P, Glick B. The Prosocial Gang: Implementing Aggression Replacement Training. Thousand Oaks, CA: Sage,1994.

[67]Grove W M., Zald D H, Lebow B S, et al. Clinical versus mechanical prediction: A meta-analysis. Psychological Assessment, 2000(12): 19 −30.

[68]Guo J Y. For the Sake of Whom: Conversation Analysis of Advice Giving in Offender Counseling, International Journal of Offender Therapy and Comparative Criminology,2013, 57(8):1027−1045.

[69]Guo J Y. Your secrets are safe with me: Opening prison counseling. Studies in Media and Communication,2013, 1(1):34−48.

[70]Hoffman P B, Beck J L. Parole decision-making: A Salient Factor Score. Journal of Criminal Justice, 1974(2): 195−206.

[71]Joy Tong L S, Farrington D P. How effective is the "Reasoning and Rehabilitation" programme in reducing reoffending? A meta-analysis of evaluations in four countries. Psychology, Crime and Law ,2006,12(1): 3−24.

[72]Kelly R, Helen L M. The effect of training on the quality of HCR-20 violence risk assessments in forensic secure services. The Journal of Forensic Psychiatry & Psychology,2009,20(3): 473−480.

[73]Lester D, Van Voorhis P. Cognitive therapies, In Voorhis P V, Braswell M, Lester D. Correctional Counseling and Rehabilitation. Cincinnati, OH:Anderson,2000:161−190.

[74]Linda W, Samuel E, Anna-Karin S, et al. A pilot for a computer-based simulation system for risk estimation and treatment of mentally disordered. Offenders Informatics for Health & Social Care,2009,34(2): 106−115.

[75]Lipsey M. W, Wilson D B. The efficacy of psychological, educational, and behavioural treatment: Confirmation from meta-analysis. American Psychologist, 1993(48): 1181−1209.

[76]Lipton D, Martinson R, Wilks J. The Effectiveness of Correctional

Treatment: A Survey of Treatment Evaluation Studies. New York: Praeger,1975.

[77]Logan C H. Evaluation research in crime and delinquency: A reappraisal. Journal of Criminal Law, Criminology and Police Science, 1972(63): 378 —387.

[78]Lowenkamp C T. Correctional Program Integrity and Treatment Effectiveness: A Multi-site, Program-level Analysis. Unpublished Doctoral Dissertation, University of Cincinnati: Doctoral Dissertation,2004.

[79]Marlatt G. A, Gordon J R. Relapse prevention: Theoretical rationale and overview of the model. In Marlatt G. A, Gordon J R. Relapse Prevention: Maintenance Strategies in the Treatment of Addictive Behaviors. New York: Guilford,1985:3—70.

[80]Martinson R. What works? — Questions and answers about prison reform. The Public Interest, 1974(35): 22—54.

[81]Maruna S. Desistance and development: The psychosocial process of 'going straight'. Papers from the British Criminology Conference, Queens University, Belfast, 15—19 July, 1997..

[82]Maruna S. Desistance from crime and explanatory style: A new direction in the psychology of reform. Journal of Contemporary Criminal Justice , 2004,20(2):184—200.

[83]Mike M, Rod M,Robert P. Oxford Handbook of Criminology. London: Oxford University Press,2007.

[84]Motiuk L L, Bonta J, Andrews D A. Dynamic Predictive Criterion Validity in Offender Assessment. Ottawa: Canadian Psychological Association Annual Convention, 1990.

[85]Nuffield J. Parole Decision-making in Canada. Ottawa: Solicitor General of Canada,1982.

[86]Pearson F S, Lipton, D S, Cleland, C M. , et al. The effects of behavioral/cognitive-behavioral programs on Recidivism. Crime & Delinquency,2001, 48(3): 476—496.

[87]Pogarsky G. , Piquero A. Can punishment encourage offending? Investigating the "resetting" effect. Journal of Research in Crime and Delinquency, 2003(40): 95—120.

[88]Pratt T C, Cullen F T. (2005). Assessing macro-level predictors and theories of crime: A meta-analysis. In Tonry M. Crime and Justice: A Review of Research. Chicago, IL: University of Chicago Press,2005:373—450.

[89]Raynor P. Risk and need assessment in British probation: The contribution of the LSI-R. Psychology, Crime, and Law, 2007(13): 125 —138.

[90]Redondo S, Sanchez-Meca J, Garrido V. The influence of treatment programmes on the recidivism of juvenile and adult offenders: A European meta-analytic review. Psychology, Crime & Law,1999,5: 251—278.

[91]Reilly P M, Shopshire M S. Anger Management for Substance Abuse and Mental Health Clients: Participant Workbooks. available at:

[92]Ross R R, Ross R D. Programme development through research. In Ross R R, Ross R D. Thinking Straight: The Reasoning and Rehabilitation Programme for Delinquency Prevention and Offender Rehabilitation. Ottawa: AIR Training and Publications,1995:25—37.

[93]Rugge T. Risk Assessment of Male Aboriginal Offenders: A 2006 Perspective. Ottawa, Ontario: Public Safety Canada,2006.

[94]Sampson, Robert J, John H L. Crime in the Making: Pathways and Turning Points Through Life. Cambridge, MA: Harvard University Press,1993.

[95]Smith P, Goggin C, Gendreau P. The Effects of Prison Sentences and Intermediate Sanctions on Recidivism: General Effects and Individual Differences. Ottawa, Ontario: Public Safety Canada, 2002.

[96]von Hirsch A, Bottoms A E, Burney E, et al. Criminal Deterrence and Sentencing Severity: An Analysis of Recent Research. Oxford, UK: Hart, 1999.

[97]Ward T, Mesler J, Yates P. Reconstructing the risk-need-responsivity model: A theoretical elaboration and evaluation. Aggression and Violent Behavior,2007(12): 208—228.

[98]Warner S B. Factors determining parole from Massachusetts reformatory. Joural of Criminology,1923(14):172—207.

[99]Wilson D B, Bouffard L A, MacKenzie D L. A quantitative review of structured, group-oriented, cognitive-behavioral programs for offenders. Criminal Justice and Behavior, 2005,32(2): 172—204.

索　引

后　记

　　监狱是社会文明进步的窗口,而行刑技术的提升与改进更是监狱进步的标志。循证矫正是一种基于证据的矫正活动。它的原理源于循证医学,于 20 世纪 90 年代被西方国家应用于矫正领域,并取得了巨大成效。这种矫正模式区别于我国监狱传统的罪犯改造模式,强调科学性,追求高效性,重视罪犯参与,要求遵循旨在提高矫正效果的一系列原则。循证矫正技术的引进与应用,将给我国改造罪犯的理论研究和监狱工作实务带来一场根本性的变革。

　　循证矫正在 2012 年 4 月的全国监狱局长、监狱长培训班上正式被提出,并于 2013 年 4 月确立为司法部监狱管理局"教育质量年"活动的一项重要工作内容。同月,"循证矫正研究与实践"科研项目领导小组第一次会议召开,明确在江苏、浙江、山东、四川、陕西、北京等省的九个监狱中开展循证矫正试点工作,浙江省十里丰监狱被确定为首批试点单位之一。接受试点任务后,浙江省十里丰监狱随即组织开展循证矫正工作论证,积极制订实施方案,研制测评工具,卓有成效地开展了循证矫正的试点工作。

　　在课题的研究过程中,浙江省监狱管理局蔡俊豪副局长给予了高度关注和有效指导,并亲自为本书撰写序言。周敏华监狱长作为本课题组长,不仅指明了课题的研究方向,还提出了课题的基本框架,并多次听取课题调研的专题汇报。省监狱管理局教育改造处徐新强副处长与十里丰监狱周根杨、吕洪政两位副监狱长,多次过问课题研究的进展情况,具体指导课题研究工作,并提供了人力、物力的支持。本书共分五章,具体分工如下:第一章　循证矫正概述:邵晓顺(浙江警官职业学院教授)、姜文水(浙江省十里丰监狱教育改造科长);第二章　循证矫正的运行机制与工作流程:徐海良(浙江省十里丰监狱研究所所长)、徐江(浙江省十里丰监狱十监区政治指导员);第三章　风险评估与矫正需求分析:孔一(浙江警官职业学院教授);第四章　矫正项目:郭晶英(浙江警官职业学院教授)、傅华军(浙江省十里丰监狱心理健康指导中心主任);第五章　案例:冯德艮(浙江省十里丰监狱九监区管教股长)。本课题经过了课题组全体成员三次统稿,最后经邵晓顺教授整理、修改后定稿。

　　为了更好地总结已经取得的循证矫正试点工作经验,努力构建循证矫正理论,探索具有浙江特色的循证矫正之路,浙江省十里丰监狱与浙江警官职业学院进行了科研合作。浙江警院黄兴瑞院长对本课题的科研合作高度重视,不仅委派了学院的科研中坚力量,而且还亲自参与本课题的研究,多次莅临监狱指导和进行实践操作。浙江省监狱工作研究所也十分重视对循证矫正实务工作的研究,于 2014 年 8 月把本课题立为一级重大课题,对本课题的研究给予了大力的支持,在此特表感谢!十里丰监狱杜海波同志在文稿整理、校对上做了大量的工作,在此亦表感谢。

由于水平所限,本书必定存在疏漏与不当之处,敬请各位专家学者与同仁批评斧正。

2015 年 12 月

图书在版编目(CIP)数据

循证矫正浙江探索 / 周敏华主编. —杭州：浙江
大学出版社，2016.6
ISBN 978-7-308-15734-6

Ⅰ.①循…　Ⅱ.①周…　Ⅲ.①犯罪分子—监督改造—
研究—浙江省　Ⅳ.①D926.7

中国版本图书馆 CIP 数据核字(2016)第 072344 号

循证矫正浙江探索

周敏华　主编

责任编辑	石国华
责任校对	杨利军　金　蕾
封面设计	刘依群
出版发行	浙江大学出版社
	（杭州市天目山路 148 号　邮政编码 310007）
	（网址：http://www.zjupress.com）
排　版	杭州星云光电图文制作有限公司
印　刷	杭州日报报业集团盛元印务有限公司
开　本	710mm×1000mm　1/16
印　张	10.75
字　数	205 千
版 印 次	2016 年 6 月第 1 版　2016 年 6 月第 1 次印刷
书　号	ISBN 978-7-308-15734-6
定　价	35.00 元